El humo, la patria o la tumba

EMILIANO ZECCA
El humo, la patria o la tumba

RANDOM HOUSE

Papel certificado por el Forest Stewardship Council®

Primera edición: marzo de 2025

© 2024, Emiliano Zecca
© 2024, de la presente edición en castellano para todo el mundo:
Penguin Random House Grupo Editorial, S.A., Montevideo
© 2025, Penguin Random House Grupo Editorial, S.A.U.
Travessera de Gràcia, 47-49. 08021 Barcelona

Penguin Random House Grupo Editorial apoya la protección de la propiedad intelectual. La propiedad intelectual estimula la creatividad, defiende la diversidad en el ámbito de las ideas y el conocimiento, promueve la libre expresión y favorece una cultura viva. Gracias por comprar una edición autorizada de este libro y por respetar las leyes de propiedad intelectual al no reproducir ni distribuir ninguna parte de esta obra por ningún medio sin permiso. Al hacerlo está respaldando a los autores y permitiendo que PRHGE continúe publicando libros para todos los lectores. De conformidad con lo dispuesto en el artículo 67.3 del Real Decreto Ley 24/2021, de 2 de noviembre, PRHGE se reserva expresamente los derechos de reproducción y de uso de esta obra y de todos sus elementos mediante medios de lectura mecánica y otros medios adecuados a tal fin. Diríjase a CEDRO (Centro Español de Derechos Reprográficos, http://www.cedro.org) si necesita reproducir algún fragmento de esta obra.

Printed in Spain – Impreso en España

ISBN: 978-84-397-4537-2
Depósito legal: B-17.366-2024

Impreso en Liberdúplex (Sant Llorenç d'Hortons, Barcelona)

RH 45372

A mis padres y a Mili

Estas páginas le deben
a mi admirada Inés Bortagaray la edición,
a la Fundación Gabo y al maestro Martín Caparrós el impulso.

«El primer cigarrillo es una experiencia nociva para el novato. Para dar por sentado que el fumador principiante tolerará lo desagradable de la experiencia debemos invocar un motivo psicológico. Para el principiante fumar un cigarrillo es un acto simbólico: Ya no soy el nene de mamá, soy fuerte, soy un aventurero *(...) Cuando se desvanece la fuerza del simbolismo psicológico, empieza el control del efecto farmacológico para sostener el hábito».*

THOMAS S. OSDENE, CIENTÍFICO DESTACADO DE LA EMPRESA PHILIP MORRIS (EXTRACTO DE «POR QUÉ SE FUMA, PRIMER BORRADOR», 1969, INCLUIDO EN *CONFÍE EN NOSOTROS. SOMOS LA INDUSTRIA TABACALERA*)

Contarlo para vivir

> Por Santiago Pereira Campos,
> testigo experto en el arbitraje
> Philip Morris contra Uruguay.

Cuando terminaron las audiencias y regresaba en el vuelo desde Washington, mientras reconstruía el camino de aquellas intensas semanas de trabajo, sentí por primera vez que las historias en torno al caso Philip Morris contra Uruguay merecían ser contadas. Algunas, porque siendo mínimas, son maravillosas; otras, porque son simplemente heroicas. También supe que, en cualquier caso, no debía ser yo quien lo hiciera. Estaba demasiado involucrado.

Este no fue un juicio más. Fue la síntesis del desenmascaramiento de las manipulaciones que por décadas se tejieron desde la industria tabacalera y que afectaron la salud pública.

Como lo afirmó la defensa de Uruguay en el litigio,[1] el comportamiento de la industria tabacalera ha sido extraordinariamente engañoso, como lo son los productos que vende. Las investigaciones han constatado que la industria tabacalera, entre otras cosas: negó primero falsamente que los cigarrillos sean perjudiciales para la salud; negó luego falsamente que la nicotina sea adictiva; negó también falsamente que manipularan el diseño de los cigarrillos para hacerlos más adictivos; y colocó en el mercado cigarrillos *light*, «suaves» y «bajos en alquitrán» falsamente comercializados como alternativas menos dañinas.

Dice ahora la industria que ha tomado la decisión de construir su futuro sobre la base de productos libres de humo que, si bien no están exentos de riesgos, son una opción mucho mejor que fumar cigarrillos, y que su visión es que estos productos algún día reemplacen a los cigarrillos.

La pregunta clave es si lo que afirman las tabacaleras es realmente cierto desde el punto de vista científico. Otra vez la búsqueda de evidencia «no contaminada» por los intereses de la industria se vuelve esencial. Goliat no es puro humo. Regresa siempre. Ahora avanza reversionado y camuflado con imágenes hermosas, sabores frutados y mundos saludables. Estos productos nuevos ¿son realmente una mejor opción para quien ya es fumador? Y para quienes no son fumadores, ¿no son acaso la puerta de entrada —especialmente de los más jóvenes— a la adicción que nunca tuvieron, inducidos por diseños atractivos, sabores deliciosos y narraciones de menores daños? Los primeros estudios sobre estos productos dan cuenta del aumento de su popularidad y de la alta toxicidad de las sustancias químicas que contienen, por ejemplo, los líquidos para vapear.

El caso Philip Morris contra Uruguay, bautizado en el mundo del arbitraje como la lucha de David contra Goliat, se estudia en las universidades cuando es necesario resolver problemas de políticas públicas e inversiones, o diseñar e implementar políticas de salud. Los trabajos de análisis de este litigio abundan en revistas arbitradas y son objeto de los más importantes congresos internacionales sobre arbitraje. El caso no sólo constituye un hito (un «leading case») en la lucha contra el tabaco, sino que proyecta consecuencias respecto de otros problemas de salud pública: la comida chatarra, las bebidas azucaradas o los alimentos ultraprocesados.

La decisión de este arbitraje es de gran importancia porque reivindica la potestad de los Estados soberanos de diseñar e implementar políticas para proteger la salud pública. Asimismo, pone de relieve que el derecho de un inversor sobre la marca comercial de su producto excluye que terceros puedan utilizarla sin su autorización, pero no constituye un cheque en blanco para que su titular la utilice como quiera.

A partir de los debates sobre este caso se generan preguntas incómodas. ¿Es razonable que cuestiones esenciales para un Estado sean debatidas en un proceso arbitral confidencial, no público? Si una de las reglas básicas de la actividad estatal es la transparencia, la rendición de cuentas y el derecho de todas las personas a acceder a la información del Estado, ¿pueden quedar los debates de estos litigios sometidos a reglas de confidencialidad?

Más aún, ¿es razonable que los poderes judiciales de los países queden sustituidos, por efecto de los tratados de protección de inversiones, por tribunales arbitrales internacionales bastante poco focalizados en políticas públicas de educación, vivienda, salud, transporte, etcétera? ¿Debe un Estado soberano derivar a un tribunal arbitral internacional la solución de temas tan esenciales de sus políticas públicas para fomentar la inversión extranjera?

Las respuestas son complejas y admiten múltiples versiones con argumentos en uno y otro sentido. No es ahora el momento de analizarlas. Pero no puede soslayarse el impacto del caso Philip Morris contra Uruguay en temas tan esenciales como estos.

Ante la convicción de que era necesario contar esta historia, pensé en Emiliano Zecca, a quien conocía por su actividad como periodista. Le comenté mi convencimiento de que este juicio merecía ser narrado. Para ello, había que armar un rompecabezas difícil, con muchas aristas contradictorias, con versiones contrapuestas. Su versión de lo sucedido es, afortunadamente para los lectores, muy distinta a la que podría haber sido mi versión.

Este libro reúne las historias de mujeres y hombres que, durante más de medio siglo, desde distintos frentes, con distintas estrategias, descubrieron y revelaron que se estaba cometiendo una gran manipulación de la información que afectaba la salud de millones de personas en el mundo. Pero también refleja el lugar que tuvo el tabaco en el arte, en el disfrute de la vida, en la guerra y en la paz, el valor de la libertad y el peso del placer en las decisiones personales, que no siempre coinciden con las decisiones de salud pública. Porque también somos nuestras propias contradicciones.

Quienes fuimos parte de esta historia navegamos —y algunos hasta naufragamos— en medio de esas aguas turbulentas. Todos hemos dejado señales de humo que rápidamente serán olvido. El libro sale al rescate de algunas de esas señales para que cada lector las interprete a su modo y juzgue lo ocurrido, más allá del juicio.

Son pues historias de personas que se involucraron con uno u otro bando en la lucha de la salud pública contra la industria tabacalera, o estuvieron entre dos fuegos. Muchas quedaron por el camino con el sabor de la derrota entre los dientes. Otras, que se sintieron victoriosas, se dieron cuenta, poco después, de que el poder de la industria retornó reinventado. Otras vivieron la paradoja de ser alcanzadas por el mal que combatieron. Otras, finalmente, ceden cuando más batalla hay que dar.

Todas esas personas, por distintas razones, merecían que sus historias fueran contadas. Porque de algún modo, contar sus historias es mantener viva su lucha o su claudicación. Y también sus contradicciones.

El humo

Fumar es un placer
genial, sensual
Fumando espero
al hombre a quien yo quiero
Tras los cristales
de alegres ventanales
Y mientras fumo
mi vida no consumo
Porque flotando el humo
me suele adormecer

ESTROFAS DE «FUMANDO ESPERO»,
TANGO COMPUESTO EN 1922
POR JUAN VILADOMAT (MÚSICA)
Y FÉLIX GARZO (LETRA),
POPULARIZADO POR SARITA MONTIEL.

El ataque

En 1968, en pleno auge de los movimientos por los derechos civiles en Estados Unidos, la tabacalera Philip Morris había desarrollado una marca que se llamó Virginia Slims. Una línea dirigida a las mujeres, con cigarrillos más angostos y más largos que los estándar. El eslogan de la campaña que los puso en el mercado fue un éxito, decía *You've come a long way, baby.*

Cuarenta años después, la directora general de la Organización Mundial de la Salud (OMS), Margaret Chan,[2] recordaría ese eslogan: «Buscaban enganchar a las adolescentes y las mujeres jóvenes presentando al tabaquismo como un símbolo de emancipación y libertad de autoafirmación; era memorable: "Has recorrido un largo camino, cariño". Permítanme darle la vuelta a esto y dirigir mi propia campaña de marketing personal a la industria tabacalera: "Hemos recorrido un largo camino, matones". No nos dejaremos intimidar por su acoso. Sus productos matan a casi seis millones de personas cada año. Dirigen una industria asesina e intimidante».

El médico uruguayo Eduardo Bianco leyó la declaración de Chan en un correo electrónico que recibió el 26 de febrero de 2010. El mismo día se enteró de que la tabacalera Philip Morris había presentado una demanda contra Uruguay en un tribunal internacional. Bianco tradujo toda la conferencia de Chan y después la mandó por mail a sus aliados en la región con un aviso: «Nos atacan».

Un ataque inesperado para los uruguayos. Un ataque planificado, con un fin disuasorio. Este podría ser el principio de la historia.

El tabaco había sido de los indios americanos. Fue plantado, cultivado y cosechado. Fue fumado, masticado o inhalado en el rapé. Cristóbal Colón lo descubrió en el siglo xv, pero los indios ya lo conocían. El tabaco después se hizo cosa de europeos. Rubio, negro, de pipa. El tabaco sanador.

Hubo un primer cigarrillo. El objeto creado para ser consumido en serie, que se enciende, se apaga y se tira; que se pide, se da y se comparte. El cigarrillo que se vuelve yo, porque no es igual en las manos de un soldado en el frente de batalla que en las de Jean Paul Sartre en una mañana de escritura. El cigarrillo, luz en la oscuridad, en la vida de tantos escritores como Italo Svevo, Albert Camus, Ernest Hemingway, William Faulkner, Julio Cortázar, Juan Carlos Onetti, Clarice Lispector. El cigarrillo peligroso.

La escritora uruguaya Cristina Peri Rossi fumó durante cuarenta años y en uno de sus intentos por dejar escribió una lista de autoayuda. La lista consistía en enumerar todos los momentos del día en los que necesitaba un cigarrillo: al despertar, al desayuno, durante la lectura del periódico, en el mercado mientras esperaba, mientras escribía, antes de comer, entre plato y plato, después del postre, en la parada del ómnibus, antes de entrar al cine, a la salida del cine, en la reuniones sociales, cuando estaba nerviosa, en las citas de trabajo, con los amigos y las amigas, para mantenerse despierta, para dormirse temprano, en las citas íntimas, cuando hablaba por teléfono, antes de hacer el amor, después de hacer el amor. Peri Rossi dice que al final hubiera sido más eficaz preguntarse a qué actividad de la vida diaria no asociaba el cigarrillo, y su respuesta hubiera sido: «A ninguna».

Al principio, los «machos» fumaban en puros o en pipa. Pero el cine puso al cigarrillo en la boca de los hombres rudos como Humphrey Bogart, uno de los primeros. A esa lista podrían agregarse James Dean y Rock Hudson (en *Gigante)*, Paul Newman y Robert Redford (en *El Golpe)*, Sean Connery (en *James Bond*). En la lista también hay mujeres como Doris Day, Liv Ullmann, Audrey Hepburn, y más acá en el tiempo Uma Thurman. En Hollywood fumaron durante décadas los héroes, los enamorados y los villanos, hasta que a las tabacaleras se les prohibió regalar cigarros o pagar para que los actores fumaran en las películas.

El cigarrillo era recomendado por algunos médicos en la primera mitad del siglo XX. Era visto como un hábito, que después fue un vicio y al final una adicción. El cigarrillo mortal.

Las políticas antitabaco de Uruguay no fueron las primeras que se aplicaron en el mundo, pero inesperadamente, fueron las primeras en ser denunciadas por la gran tabacalera Philip Morris en un tribunal internacional.

La historia del cigarrillo tiene otro capítulo. Una historia dentro de la historia. Un juicio que duró seis años. Una disputa en la que participaron directamente decenas de abogados y siete testigos de ambas partes, más diecisiete testigos expertos (peritos). Un expediente confidencial a pedido de la tabacalera, con miles de páginas que contienen todas las palabras que se escribieron y se dijeron en el caso. Sin embargo, la decisión final del tribunal fue pública gracias a la astucia del gobierno uruguayo, que se apresuró a difundir el resultado apenas este se conoció.

No existen antecedentes en el mundo de un caso igual. Philip Morris dijo que, mediante una política pública, un país le había provocado un «menoscabo del uso y el goce de sus inversiones» y que le había expropiado indirectamente la marca. Philip Morris le pidió a un tribunal internacional que obligara a Uruguay a retirar sus regulaciones o que se abstuviera de aplicarlas en su contra, además del pago de una indemnización por los daños que le habían causado. Philip Morris perdió y terminó pagando por su reclamo.

Este podría ser el final. Un corte en la historia. Philip Morris derrotado por un adversario imprevisible. Un final de película. Sin embargo, el cambio se parece más a una ilusión y lo que hay es inercia. La historia es la misma. Empieza de nuevo, aunque nunca sucede dos veces de la misma forma.

El canario en la mina

Un tubo de acero y personas que pasan gran parte de su vida dentro de ese tubo expuestas al humo de tabaco: las azafatas fueron durante décadas el conejillo de Indias de un experimento casi perfecto. Un experimento simple, que no puede considerarse un ensayo clínico porque las condiciones no eran ideales, ya que no había un grupo de control, ni un investigador que tuviera en cuenta las variables para evitar atribuciones de los resultados al azar. Sin embargo, es posible decir que de una manera muy perversa las compañías aéreas le dieron a la medicina y la ciencia lo que buscaban para poder estudiar la exposición de los no fumadores al humo del cigarrillo.

Al principio, en las aerolíneas, los sectores para fumadores se definían con un cartel que se colocaba en el respaldo de los asientos y, en general, sólo las dos primeras filas eran para los no fumadores. «Ahora se fuman cigarrillos frescos en los cielos», decía un anuncio de United Airlines en 1932, mientras su competidora, American Airlines, se los regalaba a los pasajeros durante el vuelo. Fumar era la norma y sólo internamente las compañías tenían algún tipo de cuidado. Una circular para la tripulación de United Airlines, enviada el 15 de mayo de 1930, decía: «No fomentamos el fumar a bordo en ningún momento, pero está permitido. Sólo se permitirá fumar cigarrillos. Las pipas y los puros están prohibidos. Debemos ser muy discretos en este tipo de temas. El mayor cuidado debe ejercerse sobre los cigarrillos encendidos y parches. El fuego a bordo es nuestro peor peligro. Asegúrese de que las cerillas se apagan y se guardan sólo en recipientes metálicos para este fin, y los cigarrillos encendidos deben ser aplastados personalmente hasta su extinción. Las azafatas deben estar alerta en todo momento ante cualquier posible riesgo de incendio».

Sin embargo, las recomendaciones no alcanzaron para evitar las catástrofes en el aire. En 1973, el vuelo 820 de Varig Airlines, que viajaba del aeropuerto de Galeão (Río de Janeiro, Brasil) hasta el aeropuerto de Orly (París, Francia) se incendió y debió aterrizar de emergencia en un campo cerca de Orly. El fuego se había originado en el baño del avión. De los 123 que viajaban, solamente quedaron vivos un pasajero y diez tripulantes. Antes del aterrizaje, la mayoría había muerto como consecuencia de la inhalación de humo. Las compañías aéreas, como respuesta al incidente, decidieron prohibir fumar en los baños de los aviones.

En 1966, unos años antes del incendio de Varig, la estadounidense Patricia Young había conseguido trabajo como azafata en American Airlines y en ese momento ya se había dado cuenta de que había un problema en el aire.[3] Lo supo cuando vio una mancha oscura en su pañuelo. Sus ojos le lloraban, le ardían todo el tiempo. Cuando se secaba las lágrimas en pleno vuelo, aparecía la mancha. Era una mancha de nicotina.

En las primeras décadas de trabajo de Young como azafata, la exposición al humo dentro de los aviones no era un tema relevante para sus compañeros de tripulación porque la mayoría fumaba. Ella llegó a apagar cinco incendios en el aire en esos años, dos que se originaron en el baño y el resto en los asientos. Young sólo podía pedirles a los pasajeros que dejaran de fumar si tenía que darle oxígeno a alguien, porque el avión podía explotar. Sólo en ese caso la compañía les permitía «incomodar» a los fumadores.

Para Young, el cigarrillo en los aviones no era solamente un problema relacionado al peligro de incendio. Tres años después de haber ingresado a la empresa, ella empezó su militancia para eliminar el humo de los aviones, y no abandonaría la pelea hasta fines de los noventa, cuando finalmente su gremio logró que se prohibiera de manera definitiva fumar en todos los vuelos en Estados Unidos.

Bland Lane dio esta pelea junto a Young. Ella había empezado en Pan American Airlines en 1954 y luego pasó a United Airlines en 1986. A Lane le gustaba correr, pero cada vez que lo hacía le costaba respirar y un día le dijo a su médico general que se sentía atornillada al piso. El doctor solamente escuchó, no tenía un diagnóstico para darle, así que le dio pase al neumólogo, que rápidamente comprendió la situación, pero no tenía palabras para definirla: «Sé lo que tienes, sé cómo tratarlo, pero aún no tiene nombre». El médico, cuenta Lane, tuvo que darle una denominación a la patología porque las compañías de seguros se lo exigían: «Lo que yo tenía era la Enfermedad Pulmonar Obstructiva Crónica (EPOC)».

En el siglo XIX los mineros europeos bajaban a las minas de carbón acompañados de una jaula con un canario. En aquel tiempo las fugas de gas eran habituales, y los canarios eran aves especialmente sensibles a los gases. Si el canario respiraba gas, dejaba de cantar porque moría, y en ese momento los mineros sabían que debían abandonar el pozo para no morir intoxicados. Las azafatas estadounidenses fueron el canario en la mina.

Este grupo de trabajadoras logró que se comenzara a estudiar la exposición al humo de segunda mano y las compañías aéreas se dieron cuenta de que tenían un problema. En los años ochenta, el 70% de los asientos en los aviones pasaron a ser para no fumadores, a diferencia de lo que había sucedido en las dos décadas anteriores, cuando sólo ocupaban el 20%.

En 1987, el Instituto Nacional del Cáncer de Estados Unidos consiguió la colaboración del Ministerio de Salud y Bienestar de Canadá y la aerolínea Air Canada para estudiar formalmente la exposición al humo en los vuelos comerciales. El resultado del trabajo se publicó en *JAMA*,[4] una de las revistas científicas más prestigiosas del mundo, en febrero de 1989. En las conclusiones, los investigadores afirmaban que los pasajeros del área para no fumadores estaban expuestos al humo de los cigarrillos, en algunos casos, en niveles comparables a los experimentados por los pasajeros sentados en el área de fumadores. Lo que en este tiempo parece obvio, en aquellos años fue una revelación.

A partir de este trabajo, el sindicato de azafatas hizo un comunicado donde se presentaba como líder de la lucha para que no se fumara en los aviones: «¿Y si no pudiera leerle a su hijo un cuento de buenas noches porque su voz está dañada por el humo del tabaco que respira en el trabajo? ¿Y si le dijeran que sólo le quedan de cinco a siete años de vida, a menos que deje de trabajar en una profesión que le apasiona?».

En 1990, Estados Unidos aprobó la primera regulación federal que prohibía fumar en todos los vuelos con una duración de seis horas o menos. Pero, como respuesta a esto, las compañías como American Airlines empezaron a alargar los vuelos a propósito, para no perder clientes. Patricia Young dice que en aquel momento ni siquiera sus compañeros cumplían las primeras regulaciones, mientras Philip Morris publicaba un anuncio donde se mostraba a personas fumando en el ala de un avión como respuesta: «¿Se ha dado cuenta de que han cancelado sus vuelos para fumadores? Si quiere fumar, hágalo. Hasta donde llegue su placer».

El sindicato de azafatas se planteó la posibilidad de realizar una demanda colectiva en contra de las tabacaleras, que eran el corazón del problema. Necesitaban un caso y la historia de Norma Broin, una azafata con cáncer de pulmón, parecía perfecta. Broin tenía 42 años y dos hijos. Había crecido en Utah, era mormona, nunca había fumado ni había tomado alcohol. Broin era la peor pesadilla para los abogados de las tabacaleras, porque podían interrogarla todo el día y no iban a encontrar nada que sugiriera que unos presuntos malos hábitos pudieran haberle provocado esa enfermedad. Sin embargo, ningún abogado se animaba a aceptar el caso, porque hasta ese momento las tabacaleras siempre habían ganado. Los abogados les decían a las azafatas que era mejor desistir para no perder tiempo y dinero.

Finalmente lo consiguieron. La primera demanda colectiva por daños y perjuicios debido a la exposición al humo de tabaco pasivo en las cabinas de las aerolíneas se presentó en 1991. Fue una novedad para la época, llevada adelante por los abogados Stanley y Susan Rosenblatt en un tribunal estatal de Miami. Los Rosenblatt no habían sido la primera opción de las azafatas, pero fueron los únicos que les dijeron que no estaban locas. El reclamo era por cinco mil millones de dólares, en nombre de unos sesenta mil auxiliares de vuelo no fumadores que habían trabajado hasta la década de los noventa.

Los Rosenblatt intentaron demostrar en el juicio que el humo podía provocar cáncer de pulmón, enfermedades pulmonares y cardiopatías. En la estrategia de los demandantes no se responsabilizaba del reclamo a ninguna compañía aérea, porque, según decían sus abogados, estas también habían sido engañadas por las tabacaleras. Los Rosenblatt fueron directamente contra Philip Morris Companies, la mayor compañía en el rubro de todo el país, y así siguieron con las demás corporaciones[5] de una industria que, según se planteaba en la demanda, estaba valorada en 45.000 millones de dólares en ese momento.

El juicio comenzaría recién en 1997, luego de varias apelaciones presentadas por las empresas para demorar el comienzo. El caso de la mormona de Utah, Norma

Broin, fue la estrella de esta causa: «Las empresas tabacaleras han perjudicado mi vida y la de millones de personas, porque el cáncer no es cosa de una sola persona, le ocurre a toda una familia. Afortunadamente, sigo viva y quizá pueda ayudar a proteger a otros».[6]

Stanley Rosenblatt, el abogado de las azafatas, declaró cuando el juicio comenzaba: «Todos los auxiliares de vuelo tomaron la decisión de no fumar, pero dejar de respirar no era una posibilidad». Por su parte, las tabacaleras sostuvieron que fumar solamente era un factor de riesgo y no una causa de las enfermedades.

El juicio terminó con la firma de un acuerdo entre las partes por 300 millones de dólares, que las azafatas usaron unos años después para crear el Flight Attendant Medical Research Institute (FAMRI), un fondo que hasta estos días financia investigaciones sobre la exposición al humo de tabaco realizadas por científicos y médicos en todo el mundo. En más de dos décadas, el FAMRI ha colaborado con más de 4.270 publicaciones.

«Todo el movimiento de no fumar se hizo mundial gracias a las azafatas», dice Patricia Young, que todavía integra la junta directiva de FAMRI: «Lo dijimos miles y miles de veces, día tras día, en cada vuelo. El problema, el terror y la tragedia comenzaron cuando permitieron a la gente fumar en los aviones».

Humanicida

Casi una década después del juicio de las azafatas, Uruguay comenzaba a aplicar una política antitabaco que lo transformaría en el líder de las Américas. La medida principal del gobierno se estableció en setiembre de 2005, cuando el presidente Tabaré Vázquez, médico oncólogo de profesión, firmó un decreto que entraría en vigencia seis meses después: «Todo local cerrado de uso público y toda área laboral, ya sea en la órbita pública o privada destinada a la permanencia en común de personas» debían ser 100% libres de humo de tabaco.

Winston Abascal, que en ese entonces era el director del Programa para el Control del Tabaco del Ministerio de Salud Pública,[7] todavía recuerda las discusiones que se generaron con los primeros anuncios. Abascal sabe de lo que habla porque estuvo en el frente de batalla. Los comerciantes le decían que se iban a quedar sin clientes si se prohibía fumar en sus locales. Los sindicalistas, con un cigarrillo encendido en sus manos, le advertían que no querían problemas con sus afiliados, y desde el gobierno muchos temían convertirse en los catalizadores de todo ese mal humor. La ministra de Salud Pública, María Julia Muñoz, les dijo a sus asesores en aquel momento: «En junio, cuando empiece el frío y la gente tenga que salir a fumar afuera a la primera que matan es a mí».

Ana Lorenzo, compañera de Abascal en el Programa para el Control del Tabaco, cuenta que ellos estaban convencidos del éxito que iban a tener: «Nosotros sabíamos que el 70% de los fumadores uruguayos quería dejar de fumar y los ambientes libres de humo los iban a ayudar a no recaer, porque si estás en una oficina y te fuman enfrente, lo más probable es que sientas el deseo y lo hagas. Estaba demostrado que para alguien acostumbrado a prender un cigarrillo cada media hora, era relevante entender que podía pasar tres o cuatro horas sin fumar. Esta medida debía ser el eje de la política».

Abascal y Lorenzo pusieron el cuerpo para empujar la estrategia, que tuvo tres etapas: información, sensibilización e implementación. Las dos primeras se hicieron en seis meses, en los diarios, las radios y la televisión. Además, se agregaron imágenes a las cajas de los cigarrillos con la inscripción «Humanicida. Más de 4.000 sustancias químicas, de las que cincuenta causan cáncer. Tu aire es también el mío. Respetalo».

Abascal se reunió con el Centro de Almaceneros Minoristas, Baristas, Autoservicistas y Afines del Uruguay (Cambadu). Él conocía a Mario Menéndez, que integraba la directiva de Cambadu, y le dijo en confianza: «Mario, si se oponen nos va a costar tiempo, nos vamos a pelear, va a haber lío, así que tratemos de arreglarlo. Acá hay una decisión política. Esto se va a hacer, de eso no tengan duda. Vamos a tratar de que sea de la mejor manera».

Menéndez le propuso a Abascal que comunicara la noticia a los afiliados de Cambadu en una reunión que se llevaría a cabo en la sede de la asociación. Fueron quinientos comerciantes a escuchar. Menéndez le aseguró a Abascal que iba a estar «protegido» por la directiva, y cumplió con su palabra. Abascal se fue esa noche escoltado, en medio de un caos que se volvió inevitable cuando quiso explicar teóricamente por qué no se iba a poder fumar más en los locales comerciales. El dueño de un bar en el barrio montevideano de Paso de la Arena, en la zona oeste de la ciudad, le dijo al funcionario del ministerio que en su local se vendía grapa, se jugaba a las cartas y los clientes fumaban. Después hablaron los dueños de las confiterías de la zona céntrica y explicaron que ellos servían el té y sus clientes fumaban cigarrillos. Aquella noche el clima se puso «espeso».

Abascal y la directiva de Cambadu decidieron hacer un segundo intento. Fue una reunión en la Ciudad Vieja, con un grupo más pequeño, donde Abascal pudo explicar que el decreto promovido por el gobierno se iba a aplicar sin contemplar lugares para fumadores y otros para no fumadores, a pesar de que estaba escrito. El funcionario del ministerio sabía que los comerciantes chicos se oponían a esto, porque tener dos zonas en su local les exigía contar con una entrada independiente para los no fumadores y debían asegurarse de evitar cualquier tipo de intercambio entre una zona y la otra. Los comerciantes chicos habían clamado que no podían hacer esa reforma, decían que no tenían dinero ni espacio. Ahora que Abascal les decía que no iba a ser necesario, los tenía de su lado: «Ahí los comerciantes grandes y los chicos se pelearon entre ellos, y nosotros ganamos un aliado».

Todavía faltaban los grandes, como los *shopping centers*. Abascal negoció con ellos de otra manera, les dijo que hicieran una encuesta entre los clientes y el resultado jugó a su favor: el 70% de las personas estaba de acuerdo con la medida. Lo obvio, según Abascal: «¡La mayoría de la gente no fuma! Ellos no creían en eso, pero en Uruguay había una mayoría silenciosa».

Cuando consiguieron el apoyo de todos los comerciantes pasaron a la etapa de implementación con quince inspectores de dedicación exclusiva, que trabajaron dentro de la dependencia dirigida por Abascal. Los funcionarios tenían que verificar que no se fumara en los lugares cerrados, debían mirar que no hubiera ceniceros disponibles en los comercios y controlar que el humo de los espacios abiertos para fumadores no alcanzara los espacios cerrados. Tampoco debían permitir que se fumara desde la ventana de los locales. El decreto definió que la primera multa para aquellos que incumplieran la norma sería de 1.200 dólares, y ante una reincidencia se iba a aplicar el doble del monto inicial. La tercera falta sería motivo de clausura del local por tres días. Abascal les pidió a las mujeres escribanas del ministerio que salieran con los inspectores durante los primeros quince días de trabajo: «No queríamos discutir las multas, se iban a aplicar en el momento con acta notarial y no habría reclamos».

La medida entró en vigencia en el plazo previsto y en la primera semana se hicieron 300 inspecciones. El dueño del restorán Aranjuez, Esteban Silva, dijo en ese momento en los noticieros de televisión que seguiría fumando cinco cajas de cigarrillos por día y que en su local todos los clientes podrían fumar: «Si el perro del vecino quiere venir a fumar, es bienvenido. Este decreto es inconstitucional y viola los derechos de los ciudadanos. Todos los colegas me apoyan. En mi local los derechos los tienen los fumadores y no fumadores, heterosexuales y homosexuales. Si me multan o inician un proceso judicial en mi contra, tengo muchos amigos que son los mejores abogados del país para determinar la invalidez de este decreto».

Ese mismo día, Abascal anunció públicamente que el comerciante sería multado. Además, en paralelo, el ministerio lo denunció penalmente por instigación pública a no cumplir una norma. Silva reapareció en los informativos de televisión una semana después, enojado, fumando dentro de su local, y dijo que no iba a pagar las multas. El ministerio lo volvió a sancionar. Abascal cree que el comerciante les hizo una gran publicidad gratuita e involuntaria a favor del decreto, porque ellos no tenían un gran cuerpo de inspectores, pero Silva los hizo ver como implacables: «Lo matamos a multas y su local se clausuró. Lo vio todo el mundo. La gente dijo: "Esto va en serio"».

Durante los primeros nueve meses de la vigencia del decreto se hicieron 1.020 inspecciones y se detectaron 175 incumplimientos, la mayoría en locales gastronómicos.[8] Sin embargo, las autoridades no aplicaron sanciones económicas en todos los casos, aunque todos fueron incorporados a una lista de infractores. Abascal cuenta que algunas cantinas barriales no recibieron multas y, en esos casos, los dueños de los locales tuvieron que organizar reuniones con los vecinos para que él y Lorenzo pudieran explicar las razones de la medida aplicada por el gobierno.

La exministra María Julia Muñoz recuerda que uno de los lugares que más problemas les trajo fue el Palacio Legislativo, porque a pesar de que se aplicaron multas por incumplimientos de los legisladores, hubo múltiples discusiones y conversaciones con fumadores de todos los partidos políticos. También fueron sancionados talleres mecánicos, taxistas y empresas de ómnibus. Todos se pelearon con Abascal: «Los choferes de ómnibus nos decían que no podían parar a fumar, que tenían la necesidad y no podían detener el ómnibus. Nosotros les dijimos que si ese era el problema les íbamos a colocar una policlínica de cesación, que los íbamos a capacitar para dejar de fumar».

La realeza española fue la única que tuvo suerte en aquellos días. El rey Juan Carlos, que había visitado Montevideo para estar presente en la Cumbre Iberoamericana, se fue a almorzar en el restorán El Palenque, del turístico Mercado del Puerto. El rumor de que el rey había fumado en este lugar corrió por la ciudad y un periodista del Canal 12 fue a entrevistar al dueño del local, que con una sonrisa respondió que no había visto fumar al rey: «Si lo hubiera visto no lo diría, creo que con el rey se puede hacer una excepción y que se fume un habanito; ya que va a hacernos el favor de mediar en el conflicto entre Uruguay y Argentina por la instalación de Botnia, bien podemos dejarlo fumar».

El favor de Juan Carlos no resultó demasiado útil y el pleito entre Uruguay y Argentina llegó hasta la Corte Internacional de La Haya. Abascal fue consultado por el incidente del rey y declaró en ese momento que el local estaba cerrado al público cuando recibió la visita. El funcionario del ministerio dice que en ese tiempo la industria del tabaco les hacía las cosas más difíciles, porque sus representantes hablaban con los dueños de los bares y les decían que iban a perder plata, que en otros países había pasado eso: «Nosotros les mostramos que no era así, porque fumar no era un hábito o una costumbre, les hicimos ver que tenían una dependencia abrumadora. Eran adictos que tenían que abandonar la cena con su familia para salir a fumar. Fuimos hasta los casinos a documentar cómo los jugadores salían a fumar, para mostrar que fumar era una adicción más fuerte que la ludopatía».

Quienes impulsaron la política antitabaco lograron que la gran mayoría de la sociedad uruguaya, en un día, a una hora convenida, aceptara dejar de fumar en los espacios cerrados. Vivir para muchos es dejarse llevar. «Un millón de gracias» se llamó la campaña pública del ministerio que reconoció el apoyo de los ciudadanos a la implementación de los ambientes libres de humo. Ana Lorenzo dice que ellos no querían dividir a los compatriotas y entonces invitaron a los no fumadores a que agradecieran a los fumadores que habían hecho el esfuerzo. Miles de mensajes anónimos escritos a mano en papeles llegaron a su oficina. Lorenzo todavía guarda uno que dice: «Gracias por darnos la libertad a quienes no fumamos».

El país de Marlboro

Para muchos estadounidenses, el cirujano general es el «médico de la nación» y aunque se lo llama cirujano, no tiene la obligación de serlo. Su figura es particular, al menos para los latinoamericanos y europeos, porque es un funcionario de rango militar, que da sus discursos uniformado, designado por el presidente para ser su vocero y hacer recomendaciones a la población sobre los temas de salud pública.

En noviembre de 1983, el cirujano general de Estados Unidos, Everett Koop,[9] hizo declaraciones que conmocionaron a los estadounidenses, y sus palabras fueron replicadas por los medios de la época: «A menos que cambien los hábitos de fumar de la población, quizá el 10% de todas las personas vivas en el país mueran prematuramente de enfermedades cardíacas atribuibles a su hábito de fumar».[10]

En ese tiempo, asociar el hábito de fumar al cáncer de pulmón era algo que la opinión pública empezaba a comprender, aunque la industria todavía lo negaba. Sin embargo, vincular al cigarrillo con otro tipo de patologías era una discusión aún más incipiente. Koop basaba sus afirmaciones en un informe de 378 páginas que había presentado en un congreso de la Sociedad Americana contra el Cáncer. El trabajo planteaba que el consumo de cigarrillos era el responsable de hasta un 30% de todas las muertes por cardiopatías que se producían por año en Estados Unidos y que los fumadores tenían una tasa de mortalidad por cardiopatías un 70% superior a la de los no fumadores.

No era la primera vez que el gobierno de Estados Unidos se interesaba por el vínculo entre el cigarrillo y las enfermedades cardíacas. Durante la presidencia de John Fitzgerald Kennedy, en los años sesenta, un grupo de expertos había sido convocado para estudiar este impacto con el aval de las compañías tabacaleras, y el encargado de hacer ese informe fue el epidemiólogo Reuel Stallones, de la Universidad de California. Las conclusiones de este trabajo fueron ambiguas, pero marcaron el comienzo de la era de grandes peleas contra la industria del tabaco, donde la publicidad fue una de las principales herramientas que utilizaron las compañías para defenderse.

En el primer capítulo de la serie *Mad Men*, que transcurre en la década del sesenta, el protagonista, el publicista Donald Draper, recibe como encargo una campaña para Lucky Strike. Esa publicidad dará respuesta a los primeros cuestionamientos recibidos por las tabacaleras por el impacto de los cigarrillos en la salud. El dueño de Lucky Strike se reúne con Draper para escuchar su propuesta, se muestra preocupado, dice que no vende armas, que sólo vende tabaco, un tabaco que hasta él fuma. Le pide a Draper que lo entienda, ¿cómo puede ser malo algo que hasta los médicos consumen? Draper lo entiende. Él también fuma Lucky Strike, a diferencia del mozo del bar de la esquina, que fuma Golden porque los ama, aunque su esposa le diga que los cigarrillos hacen daño. El capítulo se llama *Smoke gets in your eyes*. En esa época, el humo entraba en los ojos sin restricciones, como en los ojos de las azafatas. Para hacer una propuesta, el joven y ambicioso publicista Pete Campbell, colega de Draper, acude a los informes psicológicos que relacionaban el hábito de fumar con la pulsión de muerte. Cuando escucha esto, el ejecutivo de Lucky Strike se enoja. Está a punto de abandonar la sala de reuniones airadamente, pero Draper, que antes había desechado esos informes, sale del problema. El tabaco no podía ser dañino si era natural, si estaba tostado. Draper escribe el eslogan de la campaña en el pizarrón de la sala de reuniones. Se luce: «It's toasted».

La similitud con la realidad tiene coincidencias. El eslogan de Lucky Strike que se utilizó en la serie *Mad Men* existió, solo que fue creado en 1917 y se replicó durante décadas: «20.679 médicos dicen que los "Luckies" son menos irritantes». La frase estaba acompañada por el rostro de un doctor sonriente, benigno, que transmitía tranquilidad, y la cifra de 20.679 hacía todo más creíble. El eslogan de la campaña era el mismo que salvó a Draper.[11]

La marca Marlboro, que también es real y pertenece a Philip Morris, un par de décadas después hizo la campaña más reconocida en la era del tabaco. El protagonista era un *cowboy* que pitaba en el campo, con un cielo crepuscular color fuego como fondo. «Un buen cigarro al final de un buen día de trabajo. El país de Marlboro», el símbolo de la masculinidad y el control traía ese eslogan.

Marlboro se convirtió en la marca más consumida en el mundo en 1972. Cuatro años después, la Thames Television de Gran Bretaña produjo y transmitió *Death in the west,* un documental de treinta minutos que buscaba exponer el daño generado por «la campaña más exitosa de la historia en torno al cigarrillo: The Marlboro Man» (el Hombre Marlboro).

Al poco tiempo de la transmisión del documental, Philip Morris demandó a Thames Television ante una corte británica. El caso terminó con un arreglo judicial en 1979, donde las partes acordaron eliminar todas las copias del film. Sin embargo, una llegaría a Estados Unidos.

En 1981, un profesor y médico de la Universidad de California obtuvo una copia del documental y un año después un canal de televisión de San Francisco transmitió la película, que luego fue difundida en diferentes partes del mundo. Este profesor se llamaba Stanton Glantz y había sido uno de los primeros interesados en el fenómeno publicitario de las tabacaleras, porque, según decía, apuntaba a las mujeres y los niños, ya que los hombres adultos eran la mayoría de los consumidores de cigarrillos.[12]

Death in the west
Este filme es para educación, no tiene fines comerciales.
Aquí está el documental que no querían que vieras.

Así comienza la película, con música *western*, con un *cowboy* de sombrero, chaleco y bigote frondoso. Unas letras aparecen en la pantalla: Peter Taylor, el entrevistador.

This is de Marlboro Story

Ahora es de noche y un *cowboy* desconocido habla alrededor del fuego. Cuenta su historia. Dice que tiene 51 años y está enfermo, tiene cáncer de pulmón, aunque vive en un paisaje rodeado de lagos y de montañas, sin fábricas ni polución. Ninguno de los *cowboys* que aparecen es actor. Todos viven en el campo. Todos fuman. Todos están enfermos.

Ahora habla James Bowling, el vicepresidente de Philip Morris, pero antes de decir algo da una pitada y mira seriamente a la cámara. El periodista le pregunta qué haría si le dijeran que su negocio mata a las personas: «¿Usted lo dejaría?». Bowling responde: «Yo no estoy en el negocio de matar a las personas, es obvio, hay miles de maneras de ganar dinero, si pensara que es malo no dejaría que mi esposa fumara, que mis hijos fumaran. Seguramente has escuchado a los científicos hablar del tema, pero yo elijo fumar, disfruto fumar, como lo hacen sesenta millones de estadounidenses. Yo creo firmemente en lo que hago». Bowling tiene una caja en la mano, con varios cigarrillos que se asoman por un hueco en la parte superior. Mientras dice que ellos son un blanco fácil, se lleva la caja a la boca y se queda con uno.

Ahora habla Daniel Horn, que trabaja para los Centros para el Control y Prevención de Enfermedades de

Estados Unidos, y explica: «No es un debate entre los buenos que quieren dar placer y los malos científicos que dicen que millones de personas se están muriendo por fumar o por el humo del cigarrillo. Nosotros no queremos cambiar lo que ellos piensan, lo que queremos es que reconozcan que su producto mata a la gente y que produce enfermedades como el cáncer o los infartos prematuros. Conozco gente que piensa que trabaja en un negocio honorable y, de repente, un día se enfrenta a una elección: aceptar que vende un producto que mata a millones de personas y vivir con esa carga psicológica o negarlo para liberarse de la culpa».

Taylor, el entrevistador, cuenta que la Organización Mundial de la Salud (OMS) había dicho en 1975 que fumar estaba asociado, sobre todo, a enfermedades como el cáncer de pulmón. Enfrente está el vicepresidente de ciencia y tecnología de Philip Morris, Helmut Wakeham, que al escuchar esto, responde: «No leí los informes científicos, tengo una noción, pero también sé que todos los involucrados en esto usan argumentos extremos, porque ellos están preocupados por cuidar la salud de la gente, tienen que ser conservadores. No esperaría que ellos digan que fumar es saludable. ¿Qué esperas? ¿Qué la OMS nos diga que tomar alcohol es saludable? Ahora están descubriendo un montón de cosas que no son saludables y los cigarrillos son una cosa más, ¿y qué vamos a hacer?, ¿dejar de vivir? La mejor manera de evitar la muerte es no estar aburrido».

El periodista escucha la respuesta e insiste: ¿Considera que los médicos son personas sensatas? El ejecutivo de la empresa responde: «No sé, lo estás llevando al terreno de la ética, de lo que está bien y lo que está mal. Me parece sensato que la gente siga el consejo de su médico, pero yo con mi doctor no estoy de acuerdo en un montón de cosas, ¿qué es lo sensato, seguir el consejo de tu médico siempre? Mi médico me aconsejó que no fumara, esa es la tarea de los médicos, hablar sobre los hábitos y no sobre el conocimiento (...) Somos una compañía muy moralista, si pensáramos que nuestro producto mata gente, no lo venderíamos. No se puede seguir un único punto de vista. Cualquier cosa te puede matar si la consumes en exceso. La gente que consume azúcar se muere, la gente que fuma cigarrillos se muere, pero ¿el hecho de que la gente que fuma se muera, demuestra que el cigarrillo es la causa?».

En enero de 2014, Eric Lawson, uno de los tantos actores que interpretó al Hombre Marlboro en los setenta, murió a los setenta y dos años por complicaciones de su EPOC, una enfermedad relacionada con el consumo de tabaco. Lawson fue el quinto actor *cowboy* de Marlboro que murió por causa de una enfermedad pulmonar y fumaba desde los catorce años. En la lista también están David Millar, que hizo algunas publicidades en los años cincuenta y murió a causa de un enfisema en 1987; Wayne McLaren, el primer Hombre Marlboro en participar de campañas en contra del cigarrillo, murió de cáncer de pulmón a los cincuenta y un años en 1992; David McLean, el *cowboy* de los sesenta, murió de cáncer de pulmón en 1995; y Richard Hammer, otro actor que interpretó al *cowboy* en los años sesenta y murió de cáncer de pulmón en 1999.[13]

Brandy y puros en el *lobby* del hotel

El juicio que Philip Morris le inició a Uruguay se llevó a cabo en Washington D. C., en un tribunal internacional, en la ciudad que fue planificada como capital por la Constitución de Estados Unidos. Una ciudad que primero fue capital sin Capitolio ni Casa Blanca, donde las reuniones con políticos sucedían en otros sitios, a veces en bares mundanos o en lugares poco frecuentados cuando los protagonistas no querían ser vistos.

Washington D. C. es el corazón político de Estados Unidos y, quizás, todavía del mundo occidental. Hay una antigua leyenda que dice que el término *lobby* se originó en esa ciudad, en el Hotel Willard, a dos cuadras de la Casa Blanca, cuando el presidente Ulysses Grant[14] (1869-1877), un exmilitar poco convencido de su capacidad para la tarea, accedió a la que en ese entonces era llamada la Mansión Ejecutiva. El presidente Grant caminaba todos los días para refugiarse en el *lobby* del Willard a tomar una copa de brandy y fumar uno de sus puros preferidos. Esa era su forma de relax. Sin embargo, poco a poco, el *lobby* del Willard se convirtió en una extensión de su despacho, porque aquellos que no lograban acceder a una reunión con el presidente iban al hotel a «hacer *lobby*» a partir de la tarde.[15]

Estados Unidos fue el primero en regular el *lobby* (1876) y hasta mediados del siglo XX era el único país del mundo que contaba con un sistema de registro y divulgación de los lobistas.[16] En 1958, las tabacaleras crearon el Instituto del Tabaco con el objetivo de incidir en la discusión pública sobre los efectos del consumo de cigarrillos en la salud. Ese fue su centro de *lobby* para financiar investigaciones científicas «independientes» sobre el tabaquismo. El instituto contaba con voceros que durante décadas dijeron que no se podía probar la relación causa-efecto entre el consumo del cigarrillo y los daños a la salud o que, en caso de existir, los efectos oscilaban entre «insignificantes y pequeños».

En el año 2005, la novela *Gracias por fumar* (1995) de Christopher Buckley fue adaptada al cine, producida por el millonario Elon Musk. *Gracias por fumar* cuenta la historia de Nick Naylor, el relacionista público de la Academia del Tabaco, que al igual que el Instituto del Tabaco terminaría cerrada por el Estado.

Nick Naylor se presenta así: «Pocas personas en este planeta saben lo que es que te desprecien. La verdad, es lógico, me gano la vida al frente de una organización que mata a 1.200 seres humanos cada día. Eso equivale a dos aviones Jumbo llenos de hombres, mujeres y niños. O sea que está Atila y yo, Nick Naylor, el rostro del cigarrillo». En una escena de la película, Naylor camina por un parque de diversiones con su hijo. El niño, que todavía está en edad escolar, intenta averiguar qué hace un lobista y le pregunta a su padre:

—Papá, hoy fuiste a tu oficina, después estuviste en la televisión hablando de cigarrillos, luego viajamos a Los Ángeles para hablar con un hombre que trabaja con estrellas de cine. ¿De qué se trata tu trabajo? ¿Estudiaste para eso?

—Aprendí sobre la marcha.

—¿O sea que cualquiera puede hacerlo?

—No, mi trabajo requiere de una flexibilidad moral que no todos tienen. La ley dice que todos merecemos un juicio justo, una defensa justa. Las multinacionales también.

—¿Y qué pasa cuando te equivocas?

—Nunca me equivoco.

—Pero si te equivocas.

—Nunca me equivoco. Supongamos que tú defiendes el helado de chocolate y yo defiendo el de vainilla.

—Yo diría que el chocolate es el mejor sabor.

—Pero yo necesito más que chocolate en la vida, en realidad, necesito vainilla, necesito la libertad para elegir.

—Pero no estamos hablando de libertad.

—Yo sí.

—Pero no me convenciste de que la vainilla es mejor.

—No me importa, no eres tú el que me interesa, son ellos los que me interesan, los que no están convencidos.

Los lobistas, a veces, se presentan como expertos en los medios de comunicación. Los lobistas, otras veces, generan conocimiento, presentan informes, estudios, son consultores. También pueden ser las dos cosas: un experto que colinda con el *lobby* profesional, que tiene el objetivo de incidir en la opinión pública y en los políticos.

El Instituto del Tabaco fue cerrado el 29 de enero de 1999. En ese momento era uno de los grupos de presión mejor financiados de Washington D. C., con una plantilla fija de sesenta personas que trabajaban a tiempo completo. Las tabacaleras aceptaron esto como parte de un acuerdo que firmaron para evitar miles de derrotas judiciales por los daños causados a los fumadores y sus familias con años de campañas de desinformación.

El negocio del humo

Los ejecutivos de las compañías tabacaleras en Estados Unidos tuvieron que declarar públicamente por primera vez en los tribunales gracias a la demanda de las azafatas. El *New York Times*, en su edición de papel del 6 de diciembre de 1993, publicaba una crónica escrita por Michael Janofsky con el título «Sobre cigarrillos, salud y abogados».[17] En el texto, el periodista transcribía el diálogo que tuvo Stanley Rosenblatt, el abogado de las azafatas, con el presidente y director ejecutivo de Philip Morris, William Campbell, en uno de los interrogatorios previos al juicio.

—¿Fumar cigarrillos causa cáncer? —preguntó Rosenblatt.

—Por lo que sé, no se ha demostrado.

—¿En qué se basa su respuesta?

—Me baso en el hecho de que tradicionalmente, en términos científicos, existen obstáculos relacionados con la causalidad, y en este momento no hay evidencia… no lo han podido probar en animales.

—¿Los cirujanos generales de Estados Unidos han llegado a la conclusión de que fumar causa cáncer?

—Sí.

–¿Y por qué no acepta sus conclusiones? Quiero decir, usted no tiene formación científica, así que quiero saber qué información tiene, qué bibliografía ha recibido o qué memorandos internos le hacen concluir que el cirujano general está equivocado.

–No he llegado a la conclusión de que esté equivocado, dije que no ha sido probado. El argumento es que no se ha demostrado una relación causal en animales.

–Bueno, yo no estoy hablando de animales. Estoy hablando de seres humanos. Si alguien fuma dos paquetes al día durante veinte años y le da cáncer de pulmón, y todos los médicos están convencidos de que la razón fue porque fumaba, ¿usted está diciendo que no está probado?

–Es correcto. Eso es lo que estoy diciendo.

–¿Puede nombrar a un solo científico o médico que hoy diga públicamente que no cree que esté demostrado que fumar cigarrillos causa cáncer? ¿Alguien que no sea empleado de la industria tabacalera o que nunca haya recibido dinero de la industria tabacalera?

–No puedo contestar eso.

En ese interrogatorio, Rosenblatt citó declaraciones de la ex cirujana general de Estados Unidos, Antonia Novello[18] (que había sido designada por el entonces presidente George W. Bush en enero de 1990 y se había convertido en la primera mujer y la primera hispana en acceder al cargo) ante la Asociación Médica Estadounidense. Según Novello, el tabaco «es el único producto que, cuando se usa según las indicaciones, provoca la muerte y discapacidad».

—¿Cuál es su respuesta a esas declaraciones? —dijo Rosenblatt.

—No sé.

—¿No sabe?

—No ha sido probado.

Rosenblatt citó más declaraciones de Novello: «Nuestros adolescentes se ven seducidos por la industria tabacalera y debemos exponerlo para contrarrestar sus mensajes y técnicas. Más de un millón de adolescentes empiezan a fumar en los Estados Unidos cada año. Es decir, tres mil por día».

—¿Tiene alguna información para contrarrestar esas cifras?

—No, no tenemos.

Rosenblatt leyó en voz alta las advertencias que había en todos los paquetes de cigarrillos que se vendían en Estados Unidos y que también salían en las publicidades: «Fumar durante el embarazo puede provocar lesiones fetales, partos prematuros y una baja tasa de natalidad».

—¿Está de acuerdo con eso?

—Dice «Puede provocar». Es una declaración del cirujano general, no es nuestra declaración.

—Pero está en su producto.

—Sí, y lo aceptamos.

—Esa no es mi pregunta. Mi pregunta es: ¿es exacto lo que dice ahí? En lo que a usted respecta, como presidente de Philip Morris Inc., ¿es eso exacto?

—No lo sé.

Rosenblatt le preguntó a Campbell si estaba de acuerdo con la conclusión de la Agencia de Protección

Ambiental sobre que el humo de segunda mano causaba alrededor de 3.000 muertes de cáncer de pulmón al año entre los no fumadores estadounidenses.

—No creo que las estadísticas respalden esa afirmación —respondió Campbell.

—La Agencia llegó a la conclusión de que el humo del tabaco en el ambiente presenta un impacto grave y sustancial en la salud pública.

—No he visto evidencia que respalde eso.

—¿No está de acuerdo en que el humo del tabaco ambiental causa cáncer de pulmón en no fumadores sanos?

—No estoy de acuerdo con eso.

—Está catalogado como cancerígeno.

—No creo que el humo del tabaco sea cancerígeno para los no fumadores.

—¿Usted no está de acuerdo con la conclusión de la Agencia sobre que el humo de segunda mano aumenta el riesgo de neumonía y bronquitis en los niños?

—No tengo conocimiento para respaldar eso.

Rosenblatt terminó su interrogatorio con el presidente de Philip Morris y se enfrentó al presidente de otra tabacalera, Bennett LeBow, de Brooke Group Ltd. (propietario del Grupo Liggett). Rosenblatt le preguntó a LeBow por su esposa y sus dos hijas, Karen y Stephanie, que en ese momento eran fumadoras y tenían 31 y 28 años, respectivamente.

—¿Cuál es la marca que fuma su esposa?
—Marlboro.
—¿Sí?

—Sí.

—¿Ni siquiera fuma su marca?

—Por favor, eso me duele.

—¿Karen fuma?

—Sí.

—Dios mío. ¿Alguna vez le preguntó a sus hijas por qué fumaban o les dijo que no era una buena idea fumar?

—No, en absoluto.

—¿Por qué no?

—Porque nunca sentí la necesidad. Son adultas. Toman sus propias decisiones.

—¿Está bien si digo que, dado que usted está satisfecho por tener el derecho legal de vender cigarrillos, nunca se ha interesado o ha estudiado realmente si los cigarrillos causan o no enfermedades?

—Eso es absolutamente correcto.

—¿Fumar causa cáncer de pulmón?

—No lo sé.

—¿Realmente no le importa saberlo porque está vendiendo un producto legal?

—Correcto.

—¿Vio las advertencias que aparecen en sus productos?

—No en detalle. Las he leído en alguna ocasión, evidentemente.

—Entonces, ¿no tiene sentido que le pregunte qué dicen esas etiquetas sobre el cáncer de pulmón?

—No recuerdo las palabras exactas de las advertencias.

—¿Nunca leyó un informe del cirujano general de Estados Unidos que tratara el tema del tabaquismo y la salud?

—No.
—Y un informe que llamó mucho la atención relacionado con el humo y la salud de la Agencia de Protección Ambiental, ¿le suena?
—Leí algo sobre eso en los periódicos, sí.
—¿Recuerda, aunque sea en general, lo que leyó?
—Hubo algunas afirmaciones acerca de que el humo de segunda mano causa varias enfermedades.
—Y supongo que no tiene ninguna información sobre el tema.
—No tengo.
—¿Y no tiene interés en informarse?
—Correcto.
—Según tengo entendido, su posición en ese tipo de cuestiones es que no son su pelea, que este es un tema de otras personas, y usted hará lo suyo, siempre y cuando sea legal hacerlo.
—Es así.
—¿Y usted quiere ganar tanto dinero como pueda mientras hace lo suyo?
—Soy un hombre de negocios.

En abril de 1994, luego de conocer estas declaraciones, el Congreso de Estados Unidos decidió convocar a los principales ejecutivos de las siete grandes tabacaleras para hablar ante una comisión que se llamó Regulación de los Productos de Tabaco. Las audiencias estuvieron a cargo del legislador demócrata de California, Henry Waxman. Los «siete enanos», como los llamaron despectivamente algunos, fueron interrogados en una sesión que duró seis horas.

Waxman le preguntó a James Johnston, ejecutivo de R. J. Reynolds (dueña de la marca Camel), si era fumador y el ejecutivo reconoció que sí, aunque aclaró que prefería que su hija no fumara.[19]

—¿Cuántos fumadores mueren de cáncer cada año? —preguntó Waxman.

—No sé cuántos, esas estimaciones sobre muertes son generadas por computadoras, son sólo estadísticas.

—¿Fumar causa enfermedades cardíacas?

—Podría.

—¿Causa cáncer de pulmón?

—Podría.

—¿Enfisema?

—Podría.

Johnston quedó tan expuesto en su interrogatorio que terminó disculpándose por un anuncio de Camel donde se les recomendaba a los hombres que arrastraran a las mujeres fuera del agua en la playa, con el pretexto de que las estaban salvando de ahogarse. Johnston dijo que el comercial fue ofensivo: «Fue estúpido. Cometemos errores».

El presidente de Lorillard Tobacco Company (dueña de Newport), Andrew Tisch, que también había declarado ante Rosenblatt por la demanda de las azafatas, fue otro de los ejecutivos que enfrentó las preguntas de Waxman sobre si los cigarrillos causaban cáncer.

—No lo creo —respondió.

—¿Entiende lo aislado que está de la comunidad científica en sus creencias?

—Sí, señor.

Waxman dijo en las audiencias que Philip Morris había suprimido una década antes, en 1983, un estudio donde se sugería que la nicotina podría ser una sustancia adictiva. El estudio había sido realizado en ratas por el doctor Victor DeNoble, que trabajaba para Philip Morris en su Centro de Investigación de Richmond. DeNoble fue despedido por la empresa un año después y su grupo de investigación fue cerrado por la tabacalera.[20] Waxman citó al científico para que declarara en las audiencias. DeNoble contó que el hallazgo era el principio de una línea de investigación, que no era posible extrapolar los resultados a los humanos, pero la empresa le había dicho en ese momento que no estaba dispuesta a poner en riesgo su negocio millonario por unas pruebas con ratas. De haberse publicado, hubiera sido el primer trabajo de la época con hallazgos sobre las propiedades adictivas de la nicotina. Sin embargo, fueron los canadienses quienes presentaron los primeros logros unos años antes de los interrogatorios de Waxman.

Philip Morris emitió una declaración en respuesta a las acusaciones. La tabacalera dijo que el trabajo de DeNoble no había sido censurado porque ellos eran los propietarios del laboratorio y los investigadores eran sus empleados. Por lo tanto, toda la investigación les pertenecía. Waxman les respondió que la empresa no tenía un requisito legal para publicar el estudio, pero sí una obligación moral.

Los hombres que sabían demasiado

Dos décadas antes de alertar a la región sobre el ataque de Philip Morris, Eduardo Bianco ya les decía a sus pacientes que dejaran de fumar. Una recomendación que no era común en los médicos uruguayos de su especialidad. Bianco era cardiólogo y pasaba gran parte del tiempo de su trabajo en las calles de Montevideo, de un lado para otro, arriba de una ambulancia con un enfermero y un chofer. En las horas libres, leía sobre la cesación del tabaquismo, aunque no fuera su obligación. Se pasaba horas buscando artículos científicos y guías, pero los materiales no eran tan accesibles en ese momento. Bianco se interesaba en el tema porque intuía que había algo relevante para su especialidad. Antes de irse de las casas de sus pacientes siempre preguntaba: «¿Usted fuma?». Y si el paciente le decía que sí, el chofer y el enfermero se iban a la ambulancia refunfuñando, porque sabían que empezaba el sermón y la espera se haría larga.

Este cardiólogo uruguayo no tenía idea en aquel momento de las peleas que se llevaban adelante en Estados Unidos. No había escuchado nunca hablar de las azafatas, las audiencias de Waxman o de Stanton Glantz. Bianco no supo casi nada hasta 1999, cuando conoció a Jeffrey Wigand. Ese día estaba en la sala principal del segundo Congreso Iberoamericano Tabaco o Salud, en Las Palmas (España), cuando este hombre entró y todos se pusieron de pie y aplaudieron. Él también lo hizo sin tener idea de lo que estaba pasando.

Wigand era un bioquímico, pero a esa altura también era un héroe que se había terminado de consagrar en el cine con el estreno de la película *El informante*,[21] inspirada en el reportaje de Marie Brenner en *Vanity Fair* con el título: «El hombre que sabía demasiado». Después, Wigand dio una entrevista en la CBS que produjo una implosión en la industria tabacalera.

En 1989, Wigand había sido nombrado director del departamento de investigación de la compañía Brown & Williamson, filial de British American Tobacco. Su trabajo estaba centrado en estudiar los efectos de la nicotina y otros compuestos del cigarrillo en las personas. Durante años, este bioquímico presentó recomendaciones que fueron ignoradas y censuradas por la industria hasta que en 1993 fue despedido. Sus empleadores lo obligaron a firmar un acuerdo de confidencialidad que le prohibía hacer cualquier declaración relacionada con su trabajo.

Wigand sabía que las tabacaleras manipulaban la nicotina para hacer más adictivos a los cigarrillos, pero no podía decirlo. Mientras, escuchaba y leía en esos días a los ejecutivos de las empresas mentir públicamente. Cierto día decidió hablar. Concedió una entrevista al programa *60 minutos*, gracias a la confianza que cultivó con el periodista Lowell Bergman. Sin embargo, la CBS fue intimada por los abogados de Brown & Williamson, que enterados de la situación plantearon que si se emitían declaraciones la cadena iba a ser demandada como responsable de inducir al bioquímico a violar su pacto de confidencialidad. El programa se emitió igual, pero la CBS recortó la entrevista y la única consecuencia que generaron esas declaraciones de Wigand fue una demanda de Brown & Williamson en su contra, presentada en noviembre de 1995 en una corte de Kentucky. La empresa acusaba a Wigand de ofrecer su conocimiento como testigo experto en dos causas civiles, le decían que había entregado documentos confidenciales a dos diarios y que había revelado información a *60 minutos*. La tabacalera se amparaba en la Ley de Secretos Industriales para hacer su demanda. El abogado de la compañía, Gary Morrisroe, declaraba en ese momento que Wigand era un «maestro del engaño», que intentaba presentarse como «héroe, pero sólo buscaba un beneficio personal».

En medio de la tormenta, apareció en la escena Stanton Glantz, el profesor de la Universidad de California que había recibido la copia de aquel documental sobre el Hombre Marlboro que Philip Morris bloqueó en los tribunales de Gran Bretaña. Unos meses antes del escándalo de Wigand, a Glantz le llegaron de manera anónima cientos de documentos basados en investigaciones que la industria tabacalera había realizado durante treinta años, donde se demostraba que los fabricantes conocían la naturaleza adictiva de la nicotina mucho antes de que la comunidad científica independiente lo hubiera comprendido. La empresa Brown & Williamson, enterada de esto, presentó un recurso en un tribunal estatal para que la información no fuera divulgada, pero su solicitud fue rechazada y la Universidad de California hizo público el material en su biblioteca en internet. Glantz declaró en ese entonces que los documentos eran «un enorme recurso para la investigación científica», que iban a cambiar el debate sobre el tabaco en el Congreso y en la sociedad: «La presión para que la industria tabacalera publique todo este material crecerá y crecerá. Esta industria vive en la sombra y sobrevive a base de ignorancia».[22]

Lowell Bergman renunció cuando la cadena CBS decidió no emitir la entrevista de Wigand. Se fue del canal después de catorce años de éxito, pero tenía una carta más para jugar. Wigand había sido testigo experto en el estado de Mississippi por recomendación del periodista y sus declaraciones fueron publicadas por el *Wall Street Journal*. La CBS quedó tan expuesta que finalmente decidió publicar la entrevista completa.

Boom.

Wigand provocó una implosión que hizo volar en mil pedazos el acuerdo de confidencialidad y con él los años de ocultamiento de información. El 4 de febrero de 1996, veinte millones de personas vieron la entrevista completa al denunciante de más alto rango dentro de la industria tabacalera, con acusaciones que jamás habían sido formuladas en contra de los fabricantes de tabaco. En esa entrevista, Wigand reveló que la empresa había mantenido un aditivo, supuestamente cancerígeno, en un producto de tabaco para pipas, porque si lo eliminaba sus ventas se iban a ver perjudicadas. Wigand dijo que mientras estuvo en Brown & Williamson había intentado sin éxito crear un cigarrillo más seguro, pero sus esfuerzos se vieron frustrados por la empresa hasta el punto de que un abogado de la tabacalera cambió deliberadamente las actas de una reunión porque dejaban ver claramente que la empresa sabía que sus productos no eran seguros. Wigand respondió preguntas del corresponsal Mike Wallace y dijo que los ejecutivos de la empresa sabían desde hacía mucho tiempo que la nicotina era adictiva y que su director ejecutivo había mentido ante el Congreso en las audiencias llevadas a cabo por Waxman. Al final de la entrevista, Wigand habló sobre las amenazas de muerte que había recibido y contó que había comenzado a portar un arma.

Los fiscales de cuarenta estados demandaron a la industria por los gastos ocasionados durante años en salud mediante ocultamientos y manipulaciones de los consumidores con la falta de información. El caso fue liderado por la Fiscalía General del Estado de Mississippi y se saldó en 1998 con un acuerdo por 246.000 millones de dólares, que las empresas acordaron pagar en un plazo de veinticinco años. El acuerdo también se cargó al Hombre Marlboro, que ya no podría aparecer más en las publicidades, y las tabacaleras aceptaron publicar todos sus documentos y comunicaciones internas.

No había más cortina de humo. El anuncio fue realizado por el fiscal general Michael Moore: «Esta industria —o una parte de esta industria— quería continuar castigando a Jeffrey Wigand, y estábamos dispuestos a abandonar este acuerdo por completo si no cedían. Wigand estará libre de los ataques de Brown & Williamson

Tobacco Companies en el futuro, y estamos muy orgullosos de ello. En el acuerdo tenemos una disposición sobre denuncias de irregularidades que protegerá a todos los que nos han ayudado en el pasado y a todos los que nos ayudarán en el futuro. Además, destruiremos el Instituto del Tabaco, que creemos que ha sido una de las organizaciones que ha seguido propagando este mal mensaje, esta desconfianza y desprecio que ha causado la muerte de tantas personas en este país. También destruiremos el Consejo de Investigación del Tabaco, que ha sido un grupo muy poco confiable, que ha causado mucho daño a este país».

Unas horas antes de conocer a Wigand y su historia, en 1999, Bianco había declarado en una entrevista radial en Uruguay que no tenía problemas con la industria tabacalera, que su problema sólo era «ayudar a la gente a dejar de fumar». Sin embargo, cuando regresó de ese congreso, su mirada había cambiado: «Entendí que para ayudar a las personas a dejar de fumar había que cambiar el entorno, si no era muy difícil».

Bianco estaba decidido a conseguir que Uruguay participara de las discusiones del Convenio Marco para el Control del Tabaco.[23] Ese sería el siguiente movimiento de los Estados contra las tabacaleras, alcanzar un acuerdo de salud a nivel mundial, una novedad que se concretaría cuatro años después. Las discusiones por este tratado se llevaron a cabo en Ginebra (Suiza), y Bianco participó de las negociaciones casi desde el inicio como representante regional de la Fundación Interamericana del Corazón, que tenía al frente a Beatriz Champagne, la mujer que le «abrió la cabeza».

Con los documentos internos de la industria, que se hicieron públicos a raíz del caso Wigand, se publicó un libro llamado *Confíe en nosotros. Somos la industria tabacalera* (2001),[24] cuyos editores fueron las organizaciones Campaign for Tobacco-Free Kids[25] y Action on Smoking and Health.[26] Bianco tiene un ejemplar en su casa. El médico dice que la liberación de estos documentos fue clave para las discusiones del Convenio Marco, porque les permitió mostrarles a los políticos de todo el mundo hasta dónde estaba dispuesta a llegar la industria. La empresa Philip Morris tenía en su poder intercambios en los que su personal ya desde el año 1969 hablaba sobre la adicción del producto: «La principal motivación para fumar es obtener el efecto farmacológico de la nicotina. En el pasado, en Investigación y Desarrollo hemos dicho que no estamos en el negocio de los cigarrillos, sino en el negocio del humo. Sería más específico observar que el cigarrillo es el vehículo del humo, el humo es el vehículo de la nicotina, y la nicotina es el agente de una respuesta corporal placentera».

Libertad o con gloria morir

En 1993, mientras Wigand era despedido de Brown & Williamson y los ejecutivos de las tabacaleras empezaban a hacerse conocidos en los tribunales, Richard Klein, profesor de literatura francesa en la universidad de Cornell (Estados Unidos) y autor de diversos estudios sobre el tabaco y la obesidad, escribió un libro llamado *Los cigarrillos son sublimes*. En ese texto, Klein se refiere a algunas novelas bélicas, entre las que figuran una de Norman Mailer y otra de Ernest Hemingway, como punto de partida para reflexionar sobre los cigarrillos en tiempo de guerra:

> *Los americanos atrapados en la actual histeria antitabaco han olvidado la tierna identificación del uniforme del soldado de infantería con «Lucky Strike Green»,[27] así como la feliz unión de las esperanzas europeas y el orgullo americano en 1914, con la promesa de que «vienen los Camel». A los estadounidenses les sorprendería enormemente leer las cartas del general Pershing, comandante de las tropas norteamericanas; les sorprendería la urgencia con que escribe a R. J. Reynolds pidiéndole, por favor, que envíe cigarrillos.*

Con un tono apremiante, según Klein, en 1918 las tropas le suplicaban al ministro de Defensa que necesitaban tabaco para ganar la guerra: «más tabaco... más incluso que comida». El cigarrillo, al decir de Klein, era un pequeño demonio mediador de los dioses, un amigo íntimo, un compañero que nunca dejaba de hablarle a la soledad del yo en momentos de gran heroísmo, de vacío o de aburrimiento, algo que liberaba a los soldados y enmascaraba la cruda realidad.

Ernest Hemingway casi muere durante la Primera Guerra Mundial. Fue el primer herido estadounidense en Italia, el 8 de julio de 1918, mientras conducía una ambulancia de la Cruz Roja con chocolates y cigarrillos para repartir entre los soldados. En ese momento, con 18 años, se arrastró por el terreno para intentar salvar su vida. Hemingway casi pierde una pierna, pero se recuperó en un hospital italiano, donde también se enamoró de una enfermera llamada Agnes, que era ocho años mayor. Luego viviría lo suficiente como para convertirse en uno de los escritores más importantes del siglo XX y negar la influencia de aquellos días en su obra.[28] Aunque después de lo sucedido en Italia, el escritor publicaría su novela *Adiós a las armas* (1929), quizás el más autobiográfico de sus textos, que algunos llamarían un «manifiesto pacifista».

Cuando Klein pensaba en la relación de los soldados con los cigarrillos, escribía sobre su función para «dominar la ansiedad frente a la muerte», porque un cigarrillo no puede matar al soldado. El soldado está dispuesto a morir por la patria, como dice el himno de Uruguay: «La patria o la tumba, libertad o con gloria morir».

Klein decía en 1993 que el gobierno tenía un doble discurso, que se peleaba desde el área de la salud por la regulación del tabaco y en paralelo se dedicaba a subvencionar su cultivo, que era uno de los principales productos de exportación de Estados Unidos. Este profesor estaba preocupado por hacer notar la relación del tabaco con la historia de su país, porque creía que a una parte de la población se le había olvidado: «Quieren prohibirle a las personas fumar en los aviones, en las secciones habilitadas a tal efecto, donde el aire está perfectamente acondicionado, eso significa arrebatarles, en un momento de gran ansiedad, la posibilidad de disfrutar del arma más poderosa que el hombre ha ideado para hallar devoto consuelo y decidida resignación ante el peligro».

Klein cita a Jean Paul Sartre en *El ser y la nada* (1943). Cita a Simone de Beauvoir. Cuenta que una mañana en Montparnasse a Sartre le fallaron las piernas. Ambos habían desayunado en un restaurante brasileño y después del episodio se fueron directo al hospital, donde el médico le dijo a Sartre que sólo podría salvarse si dejaba el tabaco. Cuando Sartre volvió a su casa pidió tiempo para pensar. Más tarde comunicó su decisión: iba a dejar definitivamente el cigarrillo. Simone de Beauvoir le preguntó si no le daba pena pensar que había fumado el último y Sartre le respondió que ahora le resultaba un hábito bastante desagradable. Poco tiempo después volvió a fumar. Una vez le preguntaron por lo más importante de su vida y Sartre respondió: «No lo sé. Todo. Vivir. Fumar».

«El hombre está condenado a ser libre», escribe Sartre en su texto *El existencialismo es un humanismo* (1946): «Estamos solos, sin excusas. Es lo que expresaré diciendo que el hombre está condenado a ser libre. Condenado, porque no se ha creado a sí mismo, y sin embargo, por otro lado, libre, porque una vez arrojado al mundo es responsable de todo lo que hace».[29]

El 17 de diciembre de 2004, Bután se convirtió en el primer país del mundo en prohibir la venta y el consumo público de cigarrillos. Sus habitantes los podían importar para consumo personal, pero después debían pagar un impuesto para poder fumar en privado. El gobierno estaba decidido a que el país fuera totalmente libre de humo de tabaco y permitía que, incluso, las autoridades pudieran entrar en los hogares de los ciudadanos para hacer requisas. Un monje de 24 años fue detenido unos años después por la policía y enfrentó la posibilidad de ir a la cárcel porque llevaba setenta y dos paquetes de cigarrillos.[30]

Hay cosas que se prohíben mejor cuando no se prohíben. Están aquellos que cuando hablan de libertad consideran que a los mercados hay que dejarlos libres. Esa premisa supone que todos saben exactamente lo que les conviene. Restringir la libertad, por lo tanto, es inaceptable. Sin embargo, cuando los Estados acotan la libertad de elección lo hacen regidos por una idea del bien común y en el camino reducen las complejidades en juego. Pero eso no siempre supone que los gobiernos sepan lo que hacen, o que las empresas no tengan razón cuando se quejan.

Estas ideas serán parte del sedimento de la discusión en el juicio que Philip Morris le inició al Estado uruguayo por considerar que con alguna de sus prohibiciones había expropiado indirectamente su marca.

Voces en el desierto

Se los llamó «pioneros». Se decía que eran «voces en el desierto». Lo primero que Beatriz Champagne recuerda de Eduardo Bianco es la cantidad de veces que llamaba a su esposa. Hablaba de mañana, de tarde y de noche. Champagne llevaba quince años de matrimonio cuando lo conoció y se animó a preguntarle si estaba de luna de miel. Bianco le aclaró que no, que hacía diez años estaba casado.

Champagne es argentina, aunque vive desde hace treinta años en McKinney, un pequeño pueblo al norte de Dallas que se volvió parte de los suburbios de la ciudad. Ella es doctora en Psicología y a mediados de los ochenta ingresó a trabajar en la Asociación Estadounidense del Corazón,[31] donde ocupó varios puestos relevantes, hasta llegar a crear la Fundación Interamericana del Corazón (FIC), su mayor éxito.

Cuando lo cuenta parece que hablara de una muñeca rusa. Una gran fundación, una sigla, con otra fundación, otra sigla, con un aporte de fondos de una sigla a otra sigla para que el dinero llegue a otra más pequeña, más alejada, en un país de Latinoamérica. El universo de las fundaciones que mueven dinero es intrincado, pero

Champagne lo conoce bien. La FIC nació luego de un congreso de cardiólogos en Orlando que dejó un superávit de cien mil dólares. Esa vez hubo un problema interno. Un grupo dentro de la Asociación Estadounidense del Corazón decidió no darle dinero a otro, porque creían que sólo se reunían para viajar y hacer vida social. El dinero, finalmente, se destinó a impulsar la organización que lideraría Champagne. Dos años después de su nacimiento, la FIC se independizó gracias al apoyo de grupos canadienses.

Cuando Champagne empezó a trabajar sobre el control del tabaco, hacía esfuerzos por lograr cambios en las políticas que se desarrollaban en las Américas. Ella viajaba en esos años con una compañera, una médica canadiense, que le decía que no había manera de desarrollar políticas antitabaco en esos lugares porque la mayoría no tenía un interés real en el tema.

En 1997, cuando las azafatas lograron su acuerdo, Champagne llevó adelante un curso que tenía como objetivo capacitar a los profesionales latinoamericanos para ayudar a la gente a dejar de fumar. La Sociedad de Cardiología del Uruguay, que en ese entonces estaba presidida por Edgardo Sandoya, recibió la noticia del encuentro. Sandoya le avisó a Eduardo Bianco sobre este evento porque sabía que estaba interesado en el tema. La reunión iba a ser en Ottawa. Bianco no tenía dinero para costearse un viaje así, entonces Sandoya le sugirió que le pidiera dinero a la institución para la que trabajaba. La gestión fue exitosa. En Ottawa eran cinco participantes latinoamericanos y seis docentes. Champagne era la única profesora del curso que hablaba español y, por lo tanto, la única que podía entender a Bianco. También era la única que podía comunicarse con él, que no entendía una sola palabra en inglés.

Champagne se acercó a Bianco y le pidió ayuda para trabajar en Latinoamérica. Le propuso que fuera su coordinador: «A varias personas les dije que cuando me muera, en mi tumba van a escribir que mi mejor logro fue haber contratado a Eduardo Bianco hace tantos años atrás. Ese va a ser mi epitafio: "Contrató a Eduardo Bianco"».

La pelea era mundial, pero no era igual en todas partes. La pelea se daba en cada territorio, con cada legislador, con cada representante de cada Estado. La OMS había decidido impulsar el Convenio Marco para el Control del Tabaco en 1995, con el objetivo de respaldar a los Estados para aplicar regulaciones a la industria tabacalera. Pero las negociaciones recién comenzaron cuatro años después.

Sin embargo, la industria ya había reconocido el problema que representaba la OMS en la década del setenta, y los ejecutivos de las principales compañías intentaban socavar las políticas de control de tabaco cada vez que peleaban por asomar. No era una conspiración o una teoría conspiranoica, era una estrategia de escala mundial, con recursos y movimientos coordinados para resistir.

Las tabacaleras habían comprendido que tenían que perforar la política y basaban su plan en ejercer presión a través de lobistas y de consorcios internacionales subvencionados, como el Centro Internacional de Información sobre el Tabaco, o el ya mencionado Instituto del Tabaco en Estados Unidos. En 1986, un ejecutivo de la R. J. Reynolds Tobacco Company enviaba una comunicación interna en la que decía: «El Centro Internacional de Información sobre el Tabaco ha estado coordinando un esfuerzo de cabildeo en 38 países donde el tabaco tiene importancia económica, trabajando a través de empresas miembros, asociaciones tabacaleras nacionales y comerciantes de hojas de tabaco. Yo coordino un esfuerzo similar a través de la Cámara de Comercio Internacional. La meta de estas actividades es llevar delegados nacionales a la Asamblea Mundial de la Salud para que se opongan a las recomendaciones extremas contra el tabaco. Brasil, México y Zimbabue han sido los países más activos en nuestro favor hasta ahora».[32]

En ese mismo momento, Philip Morris también hacía lo suyo. Sus ejecutivos definían un plan que constaba de tres partes: «Primero, vamos a reclutar más y mejor gente y les pagaremos más si fuera necesario. En Bahrain, Estocolmo, Londres, Montreal, Filipinas y Japón vamos a reforzar nuestras unidades de asuntos corporativos. Después, vamos a adoptar un método más sistemático para cultivar a la gente "adecuada" porque hasta ahora quizás hemos sido un poco casuales. En tercer término, vamos a prestar más atención al cultivo de la burocracia en vez de seleccionar simplemente altos funcionarios administrativos».

Las acciones coordinadas no les trajeron el éxito esperado y en 1989 los ejecutivos de Philip Morris decidieron aumentar la agresividad de la estrategia. Esto podía verse en los documentos que fueron revelados gracias al caso Wigand: «Nuestro objetivo sigue siendo desarrollar y movilizar los recursos necesarios –aliados internos, entidades y consultores externos, las asociaciones de comercio nacional de la industria y todos los aliados posibles– para combatir las iniciativas sociales y legislativas en contra del tabaco. Especificaremos cuidadosamente nuestros oponentes. Identificaremos, vigilaremos, aislaremos y le responderemos cuidadosamente a individuos y organizaciones clave».[33]

La industria quería conservar el control del debate público. Sus ejecutivos se propusieron, entonces, presentar la discusión como «un debate entre grupos contra el tabaco y fumadores, en vez de ciudadanos a favor de la salud pública contra la industria tabacalera». En 1991, Philip Morris llegó a plantear internamente la posibilidad de «subvencionar encubiertamente una fundación para reemplazar a la OMS y sus órganos anexos como asesores principales de la comunidad europea sobre una gama de asuntos, incluida la salud pública».[34]

Sin embargo, las tabacaleras no pudieron frenar el avance del Convenio Marco, que se aprobó en mayo de 2003 en la 56ª Asamblea Mundial de la Salud. Fueron años de negociaciones, en los que Eduardo Bianco estuvo desde el comienzo como representante de la sociedad civil. El convenio supuso el hito fundamental que le dio a los Estados lo que necesitaban para aplicar las regulaciones antitabaco. Fue una victoria de la política por encima del negocio, un cambio en las reglas de juego para los países como Uruguay, porque no existía (ni existió después) un acuerdo de este tipo: una gobernanza global de un problema de salud.

Bianco guarda en su computadora una foto del día de la aprobación del convenio. Revisa sus carpetas, pero no la encuentra en la primera búsqueda. Tiene un documento en Excel con todas las fechas de todas las reuniones, día a día, tema a tema. «Falta la palabra *Ginebra*», dice. Busca por «Asamblea Mundial de la Salud» y finalmente la encuentra. Bianco sonríe en el *lobby* de un hotel: «Te podés imaginar lo que fue para mí ese día, la alegría, los aplausos. Los más difíciles, los que más se opusieron, fueron Estados Unidos, China, Cuba y Japón. Nos hicieron la vida imposible. Yo conocía los entretelones, esto pasó un martes y hasta el domingo de noche había oposición de Estados Unidos. Eso no se podía destrabar. La administración de Bill Clinton había apoyado la discusión del Convenio, pero el presidente George Bush estaba en contra. Entonces empezaron con objeciones constitucionales, decían que no podían apoyarlo por algunas enmiendas. Al final, entre la madrugada del domingo y el lunes se logró que Estados Unidos no se opusiera. ¿Qué figuritas se cambiaron para que eso sucediera? Yo no lo sé, no llegaba a ese nivel de las negociaciones. Sí sé que eso se negocia a la interna de los países, entre la OMS y los países que cortan el bacalao. Estando ahí siempre tenés a alguien que te cuenta lo que pasa. Yo sabía que la cosa estaba difícil, pero no tenía forma de incidir».

La historia del Convenio Marco no puede entenderse sin el rol de las organizaciones como las que creó Champagne, que reclutaron a personas como Eduardo

Bianco, y que se unieron en una alianza mundial para hacer el mismo trabajo que durante años desarrollaron los lobistas de las tabacaleras. Una contrainteligencia que intentó persuadir a los políticos y enviados de los Estados durante los años de discusiones del convenio en Ginebra. Bianco recuerda que en aquel momento muchos representantes oficiales no tenían la menor idea del tema, porque no sabían nada de impuestos ni de regulaciones sobre la publicidad. Ellos, en cambio, habían sido capacitados para persuadir y habían aprendido a mirar, porque a veces para llegar a un gobernante el mejor camino podía ser hablar con su peluquero o con su chofer. Al final se trataba de elegir a la persona adecuada para hacer llegar el mensaje.

El Convenio Marco se adoptó por unanimidad y por aclamación. Esto quiere decir que, finalmente, no hubo oposición de ningún país, por lo tanto, no hubo que votar. El trabajo de estas organizaciones no se hizo en las salas de reuniones oficiales. Todo lo relevante sucedió afuera, en la periferia, en los llamados *side events*. Bianco y sus compañeros hacían boletines informativos para los representantes de los Estados en la medianoche y los imprimían en la madrugada. Otro grupo se levantaba temprano y los llevaba a la reunión. Lo común era ver a los funcionarios de los gobiernos leyendo antes de empezar las discusiones. Además, si era necesario, ellos les presentaban a los políticos un especialista para que les explicara las cuestiones relevantes del tema del día. Bianco lo recuerda así: «Les preguntábamos por sus dudas, nos ganábamos su confianza, nos dábamos cuenta de que eso era así porque después en las reuniones del convenio repetían todo lo que les decíamos. Cuando nos cambiaban al funcionario era malo para los países pero bueno para nosotros, porque ese otro que venía y que no tenía la menor idea del tema también era educado por nosotros».

Uruguay fue uno de los primeros países en ratificar el convenio en su Parlamento. Luego se sumaría un centenar, aunque otros como Estados Unidos y Cuba nunca lo hicieron. Bianco recuerda que las cosas a nivel interno tampoco resultaron fáciles, dice que el Sindicato Médico del Uruguay hizo en aquel momento el mismo trabajo que ellos habían realizado a nivel internacional. Un representante del gremio de los doctores, un lobista, se reunía periódicamente con los legisladores de todos los partidos políticos para lograr la aprobación. El Frente Amplio fue el primero que se alineó con la idea por influencia de Tabaré Vázquez. Bianco recuerda que en 2004, luego de que los legisladores votaron el convenio, habló con el director general de la Salud, Diego Estol, y le dijo que si el Poder Ejecutivo no promulgaba la ley, el próximo presidente del Uruguay, que se perfilaba para ser Tabaré Vázquez, lo iba a hacer y se iba a llevar todos los méritos. Bianco dice que Estol rápidamente le comunicó sus palabras al presidente Jorge Batlle, que a los pocos días firmó el decreto.

En el mundo, el Convenio Marco entró en vigencia cuando cuarenta Estados lo ratificaron a dos años de su aprobación, el 27 de febrero de 2005. Bianco dice que toda la legislación uruguaya sobre el tabaco se hizo sobre el respaldo del Convenio Marco, sobre la base de lo que se propuso a nivel internacional: «Si vos sos un país serio, tenés que ratificar el convenio y lo tenés que cumplir, porque si no te bajan del *ranking,* salvo los cinco integrantes del Consejo de Seguridad de Naciones Unidas,[35] que siempre hacen lo que quieren. Pero los demás tienen que ser prolijos».

Un salto de fe

En octubre de 2002, el alcalde de Nueva York, Michael Bloomberg, anunció en una conferencia de prensa junto a Jeffrey Wigand que convocaría a dueños de bares, restaurantes y clubes nocturnos para discutir la prohibición de fumar en los espacios cerrados. Bloomberg impulsaba una ley, que finalmente se aprobaría, justificada en la defensa de los empleados que estaban expuestos al humo de tabaco en sus lugares de trabajo. La ley que regía en ese momento para Nueva York se había aprobado en 1995 y prohibía a las personas fumar en todos los restaurantes con más de treinta y cinco asientos. Bloomberg quería incluir con su modificación a todos los lugares de trabajo, unos trece mil establecimientos que todavía no estaban contemplados.

El vocero de Philip Morris, Brendan McCormick, decía antes de la conferencia de Bloomberg y Wigand que estaban analizando un «amplio número de solicitudes» de comerciantes y dueños de bares, que les habían pedido dinero para luchar contra la medida propuesta por el alcalde.[36] Algo así había sucedido también en 1994, cuando el Concejo Municipal de Nueva York discutió la primera legislación sobre fumar en espacios cerrados, y Philip Morris había apoyado con medio millón de dólares a la Asociación de Restaurantes y Tabernas Empire State para una campaña de oposición.

La normativa impulsada por Bloomberg finalmente se aprobó, y la revista *Vanity Fair*, la misma que había publicado el reportaje sobre Jeffrey Wigand en el que se basó la película *El Informante*, fue multada en 2003 por incumplir con las disposiciones. A Graydon Carter, el editor de la revista, le gustaba disfrutar de un cigarrillo Camel en algunas ocasiones y siempre lo fumaba con la puerta de su oficina cerrada, pero alguien (nunca se supo quién) llamó al departamento de salud de la ciudad varias veces para contar lo que sucedía. Los inspectores del gobierno fueron tres veces a *Vanity Fair*, en setiembre, octubre y noviembre de ese año, y la revista fue sancionada por reiteradas violaciones a la normativa contra el consumo de tabaco en espacios cerrados. Carter fue consultado por David Carr, un columnista del *New York Times* que escribió un artículo sobre lo sucedido, pero no quiso hacer declaraciones por teléfono, aunque luego le envió un mensaje por correo electrónico: «Creo que las leyes sobre fumar del alcalde Bloomberg son estúpidas y su aplicación es acoso».[37]

Bloomberg se transformó con el tiempo en la contracara de las tabacaleras. Cuando se aprobó el Convenio Marco, en 2006, Bloomberg Philanthropies[38] dispuso de 125 millones de dólares para apoyar a quienes trabajaban en favor de las políticas de regulación del tabaco en todo el mundo. Beatriz Champagne explica que en este juego los que tienen más dinero tienen mayor capacidad de incidir, y hasta ese momento ellos sólo contaban con pocos fondos aportados por organizaciones canadienses.

Conseguir dinero era un objetivo fundamental, y para lograrlo pergeñaron un plan. La plata de Bloomberg entró primero al Centro Nacional de Prevención de Enfermedades Crónicas y Promoción de la Salud (CDC), la OMS, la OPS, a Campaign for Tobacco-Free Kids y a la Universidad John Hopkins. Estos, a su vez, daban partidas de dinero a otras entidades más pequeñas. Champagne dice que a Bloomberg no le interesaba algo pequeño como una escuela libre de humo de tabaco, quería algo acorde al tamaño de la donación.

Bianco y Champagne pensaron un proyecto. El primer objetivo fue la ciudad mexicana de Juárez, pero a la fundación no le sedujo la idea porque todavía ese parecía un objetivo muy chico. Champagne cuenta que luego dieron un «salto de fe»: Ciudad de México libre de humo de tabaco en espacios cerrados. Ahora sí tenían la atención de la organización Bloomberg, que quería ver para creer. Champagne dice que en ese momento ni siquiera los integrantes de su equipo confiaban en ellos. Un epidemiólogo y una neumóloga les dijeron que iba a ser imposible, que no había ninguna ciudad libre de humo de tabaco y menos iba a ser la Ciudad de México. Sin embargo, Bianco era optimista. Llamaba por teléfono a las autoridades mexicanas, pero su contacto en la Ciudad de México le decía que si querían ser escuchados debían hacer un «escándalo».

A fuerza de necesidad, se convirtieron en expertos en conexiones. Esa es la palabra que Champagne usa cuando lo cuenta. Un doctor en oncología de Kansas, que tenía una conexión con un asambleísta de Ciudad de México,[39] les avisó que las autoridades de salud pública habían firmado un acuerdo con las tabacaleras para recibir dinero a través de un fondo solidario. A cambio, las empresas no tendrían un aumento de impuestos, tal como proponía el Convenio Marco. Bianco vio la oportunidad que necesitaban y le dijo a Champagne: «Vamos para allá a hacer un poco de lío».

El dúo se contactó con Stanton Glantz, que los conocía porque los había ayudado en esos años a capacitar a profesionales en la región de las Américas. Glantz les había enseñado a ver los documentos de la industria, a seguir pistas a través de las facturas y la documentación con los pagos a los académicos. Champagne dice que Glantz los educó para mirar ese mundo: «Empezamos a decir: qué barato que se venden». Glantz, el mismo hombre que dos décadas antes se había peleado con los lobistas de la industria tabacalera, analizó la historia que Bianco y Champagne tenían entre manos. El profesor se dio cuenta de que el dinero donado por las tabacaleras a ese fondo en México no cubría ni remotamente el daño a la salud que hacían las empresas y que, además, era ilegal.

Los tres hicieron una conferencia en la Ciudad de México una mañana de enero de 2006. Hablaron en un salón abarrotado de periodistas y gente interesada en el tema. Unas horas después, en la tarde, las autoridades mexicanas convocaron su propia conferencia para desmentirlos, y ellos, por iniciativa de Glantz, se fueron hasta el lugar para dar pelea cara a cara. Champagne recuerda lo que sucedió esa tarde: «Stanton conocía el juego. Fuimos, levantamos la mano, les preguntamos, los interrumpimos, les dijimos que lo que decían no era así. Fue un enorme éxito».

El 24 de enero de 2006, *El Informador* titulaba: «Demandan a Julio Frenk Mora revocar acuerdo con tabacaleras» y en la foto que ilustraba la nota del diario de Ciudad de México aparecían Eduardo Bianco, con menos canas y sin la barba que luce ahora, Beatriz Champagne y Stanton Glantz. Julio Frenk Mora era el secretario de Salud mexicano que en 2004 había firmado un acuerdo con la industria tabacalera en el que las compañías se comprometían a aportar un peso por cada caja de cigarros vendida a un Fondo de Protección contra Gastos Catastróficos. El acuerdo tenía vigencia hasta diciembre de 2006. Glantz dijo en la conferencia de prensa que era una lástima que el secretario de Salud mexicano abriera las puertas a las compañías tabacaleras en aras de buscar dinero con un acuerdo ilegal.

Dos años después del escándalo, en 2008, la asamblea de Ciudad de México aprobó la norma de ambientes 100% libres de humo de tabaco y Bloomberg les habilitó los fondos, que se utilizaron para contratar especialistas, hacer campañas y poner el tema en la agenda, como forma de respaldar a los políticos. Contra lo que aquella canadiense compañera de Champagne había dicho un día, el trabajo en Latinoamérica empezaba a tener sentido.

En 2010, en las Américas ya existían áreas 100% libres de humo de tabaco en Colombia, Guatemala, Panamá, Trinidad y Tobago, y a nivel subnacional en México, Brasil y Argentina. Además, los ministerios habían logrado colocar advertencias sanitarias basadas en imágenes en Brasil, Colombia, Chile, Panamá, Perú, Uruguay y Venezuela. Incluso, Panamá se había convertido en el primer país de la región en prohibir completamente la publicidad, el patrocinio y la promoción de productos de tabaco y se habían implementado políticas tributarias con cierto éxito en Uruguay, Brasil, México y Jamaica.

Grandes contradicciones

Edgardo Sandoya cree que Uruguay es un país donde la mayoría de las personas prefiere esperar antes que hacer, y él no se considera parte de ese grupo. Sandoya es cardiólogo. Le decían «El Loco», porque se enojaba cuando alguien prendía un cigarrillo en la ambulancia y se iba para la parte de atrás, o directamente no se subía. Era algo visceral lo que le pasaba, sentía un desagrado por el humo.

El primer encuentro entre Eduardo Bianco y Beatriz Champagne, en Canadá, fue propiciado por Sandoya. En los años que siguieron a ese viaje, Sandoya vio a ese colega preocupado por el consumo de cigarrillos convertirse en un «paladín antitabaco», con contactos internacionales, con aliados. El mundo había cambiado tanto que ahora era Bianco el que tenía una propuesta para Sandoya.

¿Dónde se investiga? ¿Quiénes investigan? ¿Y quiénes financian las investigaciones? Bianco había dedicado gran parte de su tiempo a trabajar sobre estas preguntas en los primeros años de implementación de las políticas antitabaco. A través de sus contactos en Estados Unidos buscaba fondos e intentaba seducir a la fundación

Bloomberg, porque para investigar no hay demasiados recursos en países como Uruguay.

En ese camino, Bianco tuvo una reunión que lo hizo dejar de perseguir pequeñas partidas de dinero por el mundo. El International Development Research Center de Canadá, un organismo estatal que aportaba fondos e investigadores para países en desarrollo, le ofreció a Bianco trescientos mil dólares para desarrollar una base regional de estudios de los temas relacionados al tabaco. Cuando él escuchó la oferta sus pupilas se dilataron. En 2007, gracias a este apoyo, se presentó el Centro para la Investigación de la Epidemia de Tabaquismo (CIET), que centralizó todos los fondos para investigar y reunió a los profesionales de diferentes áreas interesados en estudiar el impacto de las medidas contra el tabaco. Fue un gran cambio en la generación de información en la región.

Bianco quería que Sandoya investigara los resultados de la prohibición de fumar en los espacios públicos cerrados en Uruguay y lo había elegido porque conocía su experiencia. Sandoya tampoco era solamente un cardiólogo. Su especialidad era la Medicina Basada en Evidencia, una disciplina que es considerada científico-estadística, a la que también se la llama medicina factual o fundamentada.

Sandoya aceptó la propuesta. Después se puso a buscar antecedentes. El primer caso que encontró era de la pequeña ciudad de Helena, al norte de Estados Unidos, donde los médicos del hospital local habían notado que los ingresos por infartos agudos de miocardio descendieron cuando se aplicó la prohibición de fumar en espacios cerrados en enero de 2002. Fue una casualidad, porque la medida duró solamente seis meses, hasta que una corte estatal decidió levantarla a pedido de las tabacaleras, y los ingresos por infartos en el hospital volvieron a aumentar. Los médicos se hicieron entonces una pregunta: ¿la prohibición podía asociarse a una reducción en los infartos agudos de miocardio? Un estudio poblacional realizado por Stanton Glantz respondió a la pregunta. Glantz analizó los ingresos por esta causa en los primeros semestres del periodo 1997-2003. Los resultados del trabajo mostraron que, en 2002, mientras se aplicaba la prohibición, el descenso en los ingresos por infartos agudos de miocardio había sido de casi un 50%.[40]

Sandoya hizo un meta-análisis de todas las investigaciones que se publicaron a partir de ese momento. Encontró casos similares en Estados Unidos, Italia, Irlanda y Canadá. En algunos lugares las cosas habían funcionado mejor que en otros, porque las acciones sociales dependen de la conducta de las personas y de la cultura de los lugares.

El 7 de noviembre de 2008, el CIET hizo una presentación con todos los investigadores del país que iban a trabajar en el relevamiento de los datos y, finalmente, se hicieron dos estudios poblacionales para medir el impacto de la prohibición en Uruguay.[41]

El segundo trabajo (el más grande) se presentó en 2015 y el universo de casos incluidos en la investigación representaban el 79% de las internaciones por infartos agudos de miocardio en todo el país, con pacientes de una edad media de 66 años.

Los investigadores llegaron a esta conclusión: desde que se había prohibido fumar en los espacios cerrados se había registrado una reducción en los ingresos por infartos agudos de miocardio de entre 15% y 22%[42] en el periodo estudiado.

Sin embargo, una correlación no prueba causa-efecto. La reducción de los ingresos por infartos agudos de miocardio no necesariamente significaba que la prohibición de fumar en espacios cerrados era la razón. Los investigadores uruguayos dejaron planteado este punto en la discusión que todos los trabajos científicos tienen al final, donde los autores explican lo que piensan. En este caso dijeron, «en base a la evidencia acumulada en el mundo sobre el tema», que era posible pensar que la medida había determinado un «importante beneficio en la salud de la población». Hablar de acumulación de evidencia era una manera de asociar causa-efecto en base a los «Criterios de Bradford Hill», creados en los años sesenta, pero esa es otra historia (que también está relacionada con la industria tabacalera).

Cuando las investigaciones como estas se publican en las revistas arbitradas por pares, los profesionales deben declarar si tienen algún tipo de conflicto de interés en relación al tema y, en tiempos donde se reclama mayor transparencia, la pregunta sobre quiénes pagan por estos trabajos se vuelve cada vez más importante para toda la sociedad. Por ejemplo, en este caso hubo trabajos que se presentaron en Miami porque habían sido financiados con dinero del Flight Attendant Medical Research Institute, creado por las azafatas con los millones del acuerdo judicial con las tabacaleras. Siempre hay interesados detrás de las investigaciones, y eso no es necesariamente un problema.

La industria farmacéutica es actualmente uno de los negocios más lucrativos a nivel mundial. No hay otro sector en el mundo que destine tantos fondos para la investigación y el desarrollo como lo hacen las farmacéuticas. En las últimas dos décadas esta industria ha experimentado un notable crecimiento gracias a la continua búsqueda de soluciones a enfermedades,[43] entre ellas la epidemia del tabaquismo.

En 2006, cuando los países comenzaron a aplicar el Convenio Marco, Pfizer puso en el mercado el Champix, un medicamento que tenía como principio activo a la vareniclina y que se utilizaba para ayudar a las personas a dejar de fumar. Bianco fue contactado en ese momento por este gigante farmacéutico, que le ofreció aportar fondos para el CIET a cambio de presentar su nuevo producto en Uruguay. La presentación, además, se haría con un director de la Clínica Mayo que había sido testigo en el juicio de Jeffrey Wigand.

Bianco aceptó la oferta y la relación del CIET con Pfizer duró hasta 2008. Él reconoce las contradicciones que supone haberse «aliado» a un «gran monstruo» en ese momento: «Estas industrias son tremendas. A nosotros nos sirvieron transitoriamente para conseguir recursos, para pelear contra la industria tabacalera. Pfizer nos ayudó acá, pero no fue por mí que ingresó la vareniclina. Yo les dejé claro que nosotros promovíamos el tratamiento contra el tabaquismo y, claro, que podíamos ayudarlos sin ninguna duda. Eso nos facilitó las cosas, nos favoreció, porque necesitábamos dinero para el CIET. Yo sé que los escrúpulos de los gerentes de Pfizer y su forma de investigar dejan mucho que desear desde el punto de vista ético, pero estas empresas generan productos de salud. Es verdad que los inflan para vender más, que es un riesgo ese, pero si ellos no hacen estos productos para la salud, son muy pocos los que pueden hacerlos. La industria tabacalera genera un producto que mata. Yo no estoy defendiendo a Pfizer, digo que así funciona la investigación y el desarrollo en el mundo. Con el tiempo separamos nuestra relación con ellos. Recuerdo que los compañeros de los controles transnacionales de las organizaciones me decían que tuviera cuidado. Yo les decía que se quedaran tranquilos, que sólo los estábamos usando. Cuando apareció el dinero de Bloomberg se terminó la situación».

Desde que se presentó en 2006, el Champix fue utilizado en Uruguay y en otros países del mundo para tratamientos contra el tabaquismo, mientras en paralelo era cuestionado por algunos trabajos científicos que lo relacionaban con muertes por infartos agudos de miocardio y otros accidentes cerebrovasculares. Tres años después de que, según Bianco, la relación del CIET con Pfizer estuviera terminada, él le pidió a Sandoya que hiciera un meta-análisis del impacto de la vareniclina sobre las muertes por esta causa. El investigador otra vez aceptó.

Sandoya revisó los artículos de la Biblioteca Nacional de Medicina de Estados Unidos y otras bases de datos con ensayos clínicos randomizados que compararon a la vareniclina con un placebo, en pacientes con enfermedad cardiovascular estable y en pacientes sin enfermedad cardiovascular. En el análisis de la información se observó que había un 0,3% de eventos cardiovasculares graves en pacientes con vareniclina y un 0,2% en los pacientes que habían tomado un placebo. Sandoya concluyó, de acuerdo a este meta-análisis, que la vareniclina mantenía un perfil favorable de riesgo-beneficio para ayudar a dejar de fumar. Por eso, podía ser prescrita en cualquier paciente.

El éxito del Champix siguió por una década más, aunque ahora parece terminado. La empresa Pfizer anunció en 2021 que iba a dejar de producirlo de manera temporal cuando se le detectaron compuestos potencialmente cancerígenos, y luego no lo repuso más.[44]

Sandoya recuerda que cuando hizo su estudio se dio cuenta de algo más. El trabajo original que cuestionaba el uso de la vareniclina asociándolo a los infartos agudos de miocardio era de una universidad en la que su principal investigador trabajaba para las tabacaleras: «Todo es muy sucio, está lleno de trampas, se modifica lo que no da el resultado esperado para engañar a los no entrenados. Si sos una gran empresa tenés a los mejores del área. Si las empresas quieren jugar ese juego tienen a los mejores tipos de leyes, que te dicen cómo hacerlo, y a los mejores del marketing. Como médico es difícil enfrentarse a eso, la asimetría en la cantidad de información que manejan lo vuelve casi imposible, por eso son imperiosas las agencias de evaluación independientes. En Uruguay muchas veces se enseña medicina basada en "eminencia" y no en "evidencia". Ir en contra de esto me trajo muchos dolores de cabeza. Con esto no quiero decir que nada sirve: es al revés, es importante que se demuestre que algo sirve. Mi objetivo con los alumnos es que no crean una palabra de lo que yo les digo».

Notas en una caja de Lucky Strike

En 1963, el gobierno de John Fitzgerald Kennedy le encargó al epidemiólogo Reuel Stallones de la Universidad de California un informe para el Comité Asesor sobre Tabaquismo y Salud. Este grupo tenía al frente al cirujano general de Estados Unidos, Luther Terry, que en ese momento se propuso estudiar si existía una relación causal entre las patologías cardíacas y el tabaquismo. Stallones concluyó en su informe que los fumadores de cigarrillos tenían aproximadamente el doble de enfermedades coronarias que los no fumadores, y que el riesgo de padecer estas enfermedades se podía clasificar según la cantidad de tabaco consumido. Además, este exceso de riesgo disminuía con la edad de los fumadores y sólo se limitaba al infarto de miocardio.[45]

Sin embargo, Stallones sabía en ese momento que no contaba con una cantidad de evidencia suficiente que le permitiera plantear una relación causa-efecto entre el tabaquismo y las enfermedades cardíacas, aunque todo parecía indicar que eso era así. El investigador estaba ante un problema y para salir se planteó dos hipótesis: la primera era que fumar podría estar involucrado de alguna manera en la causa de la enfermedad coronaria;

la segunda, que fumar podría estar asociado con la enfermedad coronaria, pero de alguna manera incidental.

Stallones dijo que había tres respuestas posibles al problema. Una era personal, entonces no importaba y por eso la desestimó. Otra era científica: los datos eran insuficientes para demostrar causalidad. Y la última era la respuesta social. En ese caso, Stallones explicó que era claro que fumar estaba «de alguna manera involucrado en la causa de la enfermedad coronaria» y que por eso se necesitaba «inevitablemente» una acción social, sin menoscabar el derecho de cada individuo a «determinar su propio destino». Stallones dijo que si el Estado quería dar esta respuesta, entonces, debía emprender un esfuerzo masivo para desalentar el tabaquismo, y si eso se realizaba correctamente podía equilibrar las pérdidas económicas con una enorme ganancia social.

Dentro del comité se originaron peleas por el manejo de los resultados. La industria, que había aceptado el estudio, estaba preocupada y decía que el trabajo de Stallones no demostraba una relación de causa-efecto entre el consumo de tabaco y las enfermedades cardíacas. Antes de definir la declaración final del comité hubo una reunión crítica de un grupo pequeño, un encuentro solicitado por Stallones, con el objetivo de discutir el enfoque lógico que se le daría a las conclusiones del trabajo. El epidemiólogo entendía que no podían decir que el tabaco causaba enfermedades cardíacas, pero tampoco estaba de acuerdo con la interpretación de la industria. Entonces, le transmitió al gobierno por primera vez sus once criterios clásicos de asociación, de los cuales cinco fueron escritos en una servilleta de papel y los otros seis en un paquete de cigarrillos Lucky Strike vacío. Esos criterios de Reuel Stallones son los que se utilizan hasta nuestros días para poder hacer investigaciones de salud pública como las que utilizó Sandoya para su investigación en Uruguay.

La historia de Stallones termina con la recomendación del Comité Asesor sobre Tabaquismo y Salud, que finalmente no se animó a ir a fondo con el tema y emitió una declaración ambigua: «Está establecido que los varones fumadores de cigarrillos tienen una tasa de mortalidad por enfermedad coronaria superior a la de los varones no fumadores. Aunque no se ha demostrado el papel causal del consumo de cigarrillos en las muertes por enfermedad coronaria, el comité considera más prudente, desde el punto de vista de la salud pública, suponer que la asociación establecida tiene un significado causal que suspender el juicio hasta que no quede ninguna incertidumbre».

Las compañías tabacaleras pidieron públicamente cautela para interpretar esa suposición en base a los resultados del trabajo de Stallones. Un portavoz de Philip Morris dijo en ese momento que la empresa estaba estudiando el informe con sus asesores científicos, según cuenta una nota del *New York Times* del 12 de enero de 1964. El diario también recoge declaraciones del presidente del Instituto del Tabaco, George Allen, quien aseguró que ellos estaban dispuestos a aumentar su apoyo a la investigación en salud porque era necesario contar con más información, ya que hasta ese momento la industria había financiado investigaciones científicas con más de seis millones de dólares y

Allen decía que tenían previsto dar un millón más: «Como señaló el cirujano general Terry, aún queda mucho por saber sobre el tema. La industria tabacalera está dispuesta a cooperar con el gobierno y con otros grupos en cualquier proyecto que ofrezca posibilidades de colmar las lagunas de conocimiento que aún existen en este amplio campo de interés científico».

Un año después de la publicación del informe de Stallones en Estados Unidos, los mismos criterios que fueron escritos en esa servilleta y en ese paquete de Lucky Strike se extendieron a toda la comunidad científica, cuando el británico Austin Bradford Hill publicó en 1965 los nueve puntos denominados «Criterios de Bradford Hill».[46] El artículo contenía citas a las investigaciones que había realizado junto al epidemiólogo Richard Doll, que una década antes había sido pionero en estudiar la asociación entre el tabaco y el cáncer de pulmón.

Los Criterios de Bradford Hill no sirven para buscar evidencia indiscutible a favor o en contra de una hipótesis sobre causa-efecto, ni son una condición *sine qua non* para demostrarla. Sin embargo, con mayor o menor fuerza son utilizados hasta nuestros días cuando es necesario tomar decisiones sobre cuestiones fundamentales de la salud pública y no existe otra manera de explicar los hechos que se observan en la realidad. Bradford Hill dice que después de realizar una investigación debemos preguntarnos ¿existe una respuesta igual o más probable de la que se tiene para buscar causa-efecto? Si la respuesta es que no, entonces podemos someter nuestros resultados a los criterios sobre causa-efecto.

El primer criterio definido por el científico es la fortaleza de la asociación que permite considerar que A causa B. Como ejemplo de esto, en su artículo Bradford Hill usaba las investigaciones prospectivas sobre tabaquismo que él y Doll habían realizado una década antes, donde se había demostrado que la tasa de mortalidad por cáncer de pulmón entre los fumadores era de nueve a 10 veces mayor que la tasa de los no fumadores, y en el caso de los fumadores severos[47] era de veinte a treinta veces mayor. En segundo lugar, se refiere a la consistencia de la asociación. Esto quería decir que si algo fue observado repetidamente por diferentes personas, en diferentes lugares, circunstancias y tiempos, la asociación podía considerarse consistente. Bradford Hill volvía a utilizar como ejemplo veintinueve investigaciones retrospectivas y siete prospectivas que se referían a la relación entre fumar y el cáncer de pulmón para fundamentar este punto: «La lección aquí es que, en términos generales, se ha llegado a la misma respuesta en una variedad bastante amplia de situaciones y técnicas. En otras palabras, podemos inferir justificadamente que la asociación no se debe a algún error o falacia constante que impregna toda la investigación. Y ciertamente tenemos que estar en guardia contra eso». En tercer lugar ponía la importancia de la especificidad de la asociación y decía que si algunas causas de muerte aumentan hasta un 50% en los fumadores y el cáncer de pulmón aumenta entre un 900 y un 1.000%, entonces se podía hablar de una especificidad en la «magnitud de la asociación». Bradford Hill también hablaba de la temporalidad, que es un factor importante a tener en cuenta en las enfermedades de desarrollo lento, y así continuaba con el resto de los puntos.

Científicos como Doll, Bradford Hill y Stallones fueron de los primeros que investigaron el impacto del tabaco en la salud, y lograron que a mediados del siglo XX la ciencia perdiera un poco de su inocencia al abandonar la búsqueda de una verdad contundente sobre causa-efecto. También dieron inicio a una era de discusiones políticas para aplicar regulaciones a la industria tabacalera. Durante décadas, los políticos, los ciudadanos y los científicos escucharon una y otra vez a los voceros de las empresas decir que no se podía probar una relación causal, mientras el daño potencial de los cigarrillos en la salud y el negocio se mantenían libres sin medidas de control. Las compañías fueron astutas, porque entendieron rápidamente que tenían un punto a favor si ponían la relación causal como centro de la conversación, ya que en la ciencia, como en la vida, probar esto es un proceso complejo, muchas veces controvertido. Si no había causa, entonces no había responsabilidad.

Medio siglo después de aquellos primeros trabajos, se considera que el tabaquismo está vinculado al 80 o 90% de todos los casos de cáncer de pulmón, que es la principal causa de muerte por cáncer tanto para hombres como para mujeres, y es responsable del 80% de las muertes por esta enfermedad. Fumar también está vinculado con el cáncer de boca, faringe, laringe, esófago, estómago, páncreas, cérvix, riñón y vejiga, así como con las leucemias mieloides agudas,[48] bajo peso al nacer, asma infantil e infartos agudos de miocardio.

Bajar los humos

El 13 de octubre de 1999, el mayor fabricante de cigarrillos de Estados Unidos (con más del 50% de la producción) se acercaba a la opinión científica predominante sobre los riesgos del tabaco para la salud y dejaba de usar el argumento de que fumar era sólo un «factor de riesgo» para las enfermedades como el cáncer de pulmón.

Ahora, Philip Morris decía que fumar era una «causa» y lo publicaba en su nueva página web, como parte de su nueva campaña de imagen, presentada luego de las derrotas judiciales sufridas sobre finales del siglo XX: «Existe un abrumador consenso médico y científico de que fumar cigarrillos causa enfermedades como el cáncer de pulmón, enfisemas y cardiopatías. Fumar es adictivo en el sentido en que este término se utiliza más comúnmente hoy en día».[49]

Cuando alguien admite algo modera su orgullo. Admitir no es otra cosa que reconocer. Se admiten los errores, las derrotas y las mentiras. La ignorancia y la verdad de los otros también se admiten, a veces sin chistar y otras a regañadientes.

Un año antes de la admisión de Philip Morris, el director ejecutivo de la empresa, Geoffrey Bible, había declarado: «¿Me siento mal por vender cigarrillos? No, para nada, no sé por qué debería sentirme mal. Me siento mal porque los niños fuman, pero no sé cómo lidiar con eso. Me hace sentir peor que los menores de edad consuman alcohol y no que fumen cigarrillos. Hay una pregunta interesante que deberían plantearle a la gente de salud pública: ¿Qué crees que harían los fumadores si no fumaran? Obtienen algo de placer cuando fuman y también obtienen otras cosas beneficiosas, como aliviar el estrés. Nadie sabe qué harían si no fumaran. Quizás le pegarían a sus esposas. Quizás conducirían autos rápido. ¿Quién sabe qué diablos harían?».

Bible era un australiano de 60 años que había pasado la mitad de su vida en la tabacalera y que había supervisado la venta de los Marlboro en 200 países.

Ahora ya no se iban a oír más voces como las de Bible. El director de gestión de crisis de la tabacalera, Ellis Woodward, participaba en ese mes de octubre de la «Feria Mundial del Ramo del Tabaco» en Hong Kong y, mientras se refería a los desafíos del sector para el siglo XXI, hacía un anuncio: «Philip Morris ha decidido que no debatirá más en público si fumar causa enfermedad en los fumadores, o si es adictivo, excepto cuando sea necesario en la sala de un tribunal o en otros foros donde se le exija hacerlo. En el entorno actual, no creemos que redunde en beneficio del interés público —o francamente en beneficio del interés de nuestra empresa, o de la industria— participar en debates públicos sobre estos temas».[50]

Una década después, Philip Morris haría su primera demanda internacional contra un Estado en el último terreno que eligieron los negocios para defenderse.

La patria

—Sufrís, entonces, cada vez que subís al escenario.
—No hay beso ni dinero que pueda pagar el esfuerzo que hago.
—¿Cuáles son tus fantasías de miedo en ese momento? ¿Pensás, por ejemplo, que abrís la boca y no te sale voz?
—No, nunca en algo tan concreto. Pienso que puedo decepcionar porque mi voz no está en su punto óptimo. Porque hice cosas que no debía haber hecho.
—¿Maldades?
Zitarrosa sonríe melancólicamente.
—No da como para que las llamemos maldades. Fumar despiadadamente, por ejemplo. Yo fumo tres paquetes por día.
—¿Y recién en el momento de subir a escena te acordás de eso?
—Me acuerdo siempre y trato de fumar menos, pero sigo fumando, y en el momento de subir a escena hago como un resumen... Yo debo haber fumado en mi vida un cigarrillo que va de Montevideo a Pando. Si pienso en eso, es objetivo que no debo subir a cantar.
—Eso es cualquier cosa menos objetivo. Nunca he visto nada más subjetivo.
—Bueno... para mí es objetivo.

ENTREVISTA A ALFREDO ZITARROSA, PUBLICADA EN *BENDITA INDISCRECIÓN, CRÓNICAS Y REPORTAJES DE MARÍA ESTHER GILIO*, EXTRAÍDA DE REVISTA *CRISIS*, ABRIL DE 1974.

Asimetrías

El día que Eduardo Bianco se enteró de la noticia del juicio y les escribió un mail a sus aliados en la región, sus palabras fueron dirigidas a Patricia Sosa, de Campaign for Tobacco-Free Kids. Bianco había tirado la primera ficha del dominó. Sosa habló con su jefe, y ambos hablaron después con el alcalde de Nueva York, Michael Bloomberg, para que apoyara a Uruguay.

Los arbitrajes internacionales son costosos para los países como Uruguay, y el presidente de ese entonces, José Mujica, era un hombre austero, que vivía en una casa en el Rincón del Cerro, en las afueras de Montevideo. Unas hectáreas a las que se llegaba por un camino de tierra, donde Mujica criaba gallinas y cultivaba alimentos y flores. En ese lugar el presidente recibía a todos los visitantes, los invitaba a conocer su patio y los hacía sentar en un banco hecho con tapitas de plástico, como le sucedió al rey Juan Carlos de España. Mujica, dueño de una extravagancia sin brillo, no iba a rechazar el dinero de Bloomberg. La última ficha había caído. Dice Bianco: «Nosotros conseguimos los primeros quinientos mil dólares para la defensa. Bloomberg había tenido mucho éxito en la política de lucha contra el tabaco y su director de campaña de Salud le sugirió que nos apoyara».

Uruguay necesitaba aliados en un mundo donde la simetría sólo parece posible en los objetos que las fábricas producen, como las cajas de los cigarrillos y los cigarrillos. Con la plata de Bloomberg contrataron a Foley Hoag, una firma creada en 1943, con sede central en la ciudad de Boston. Su fundador y socio principal en ese momento era Paul Reichler, a quien los uruguayos ya conocían de una disputa anterior. Reichler lideraría la estrategia de la defensa junto a otro socio, Lawrence Martin, y la abogada senior Clara Brillembourg.

Philip Morris contrató a tres estudios para su defensa. El más importante era Sidley Austin, fundado en 1886, con clientes en más de setenta países y oficinas estratégicamente ubicadas en importantes centros comerciales y financieros del mundo,[51] con ingresos anuales de 3.000 millones de dólares. La segunda firma contratada por la tabacalera fue Lalive, también de perfil internacional, y la tercera, Shook, Hardy & Bacon (SHB), con sede en Kansas City. Cada uno de estos estudios por separado era más grande que el contratado por Uruguay. En total, contaban con más de cincuenta abogados de élite.[52]

La abogada Brillembourg, de Foley Hoag, dice que ellos son un estudio con fama de ser especialistas en batallas de «David contra Goliat» y esta que tenían por delante era una: «Nos encantan. Era una multinacional, con ingresos más grandes que el PBI del país y nosotros usamos ese peso a favor. Las compañías como Philip Morris tienen dos tipos de actividades, una es producir cigarros y la otra es litigar en juicios para poder seguir vendiendo. Para la empresa no era su primera batalla, sabían hacerlo bien, y esa era su ventaja».

Si como dice Brillembourg, esta es otra versión de la historia bíblica que habla del campesino que venció de un hondazo al gigante filisteo, Goliat estaba compuesto por varias empresas (Philip Morris Suiza y Abal Hermanos en Uruguay), con una sociedad matriz que controlaba a todas las demás, cuyo nombre era Philip Morris International, constituida y con sede en Estados Unidos. Y si como dice Brillembourg, lo que había por delante era otra moraleja de cómo el mundo puede parecerse a un lugar más justo de lo que realmente es, enfrente estaba un David con aspecto de democracia constitucional llamado República Oriental del Uruguay, con una población de tres millones y medio de personas y menos de dos siglos de vida independiente.

La nueva versión de la batalla tenía tres árbitros. Philip Morris podía elegir a uno y Uruguay a otro. La tabacalera designó al especialista con más reconocimiento en el arbitraje comercial internacional, el estadounidense Gary Born,[53] y Uruguay, por su parte, designó al australiano James Crawford, que contaba con el mismo reconocimiento pero en el área del derecho público. Los énfasis de ambos estaban claros desde el inicio. Born y Crawford tenían que elegir al tercer integrante del tribunal, que además iba a ser el presidente, pero no se pusieron de acuerdo. Así que, finalmente, la Secretaria General del Centro Internacional de Arreglo de Diferencias Relativas a Inversiones (CIADI) designó al italiano Piero Bernardini. Un abogado con experiencia en el mundo de los negocios, ese era Bernardini, que había trabajado antes con petroleras y conocía bien este tipo de pleitos entre inversionistas y Estados.

Philip Morris pedía el cese de dos regulaciones aplicadas por Uruguay. La primera queja era por el tamaño de las imágenes disuasorias de las cajas de cigarrillos, que habían llegado a ocupar hasta el 80% de la superficie del paquete. La segunda queja era por el Requisito de la Presentación Única, una medida que sólo aplicaba Uruguay en todo el mundo y que los había obligado a retirar del mercado siete de sus trece variantes: Marlboro Gold, Marlboro Blue, Marlboro Green (Fresh Mint), Fiesta Blue, Fiesta 50/50, Philip Morris Blue y Premier. Esas variantes representaban el 20% de las ventas de Philip Morris en el país. La empresa le pedía al tribunal que el Estado uruguayo le pagara una indemnización por los daños generados hasta la fecha de resolución del juicio. Pero, si los árbitros consideraban que las medidas no debían ser cesadas, entonces querían un resarcimiento de veintidós millones de dólares por la expropiación indirecta de su marca.

Philip Morris había presentado su demanda amparado en un acuerdo de protección de inversiones firmado entre Suiza y Uruguay.[54] Actualmente existen más de dos mil setecientos tratados de este tipo que contemplan la resolución de disputas entre Estados e inversionistas, porque en un mundo donde el capital se presenta sin patria, las políticas nacionales de los países a veces pueden resultar antipáticas y las empresas no quieren sentirse perjudicadas.

El humo es ambiguo

El 25 de diciembre de 1990, en San Francisco (Estados Unidos), el director Wayne Wang leyó una página entera del *New York Times* titulada «Cuento de Navidad de Auggie Wren», de Paul Auster. Wang se conmovió hasta las lágrimas, se rio de forma incontrolable y cuando terminó de leer le preguntó a su pareja: «¿Quién es Paul Auster?».

Paul Auster solamente había publicado novelas hasta que en noviembre de 1990 el director de la página especial del *New York Times*, Mike Levitas, le propuso que escribiera una historia para Navidad. El escritor pidió unos días para pensar, caminó hasta una tienda de cigarros en Brooklyn y se compró unos puros finitos de la marca Schimmelpenninck, su favorita. Más tarde, Auster recordó a ese vendedor: «La historia comenzó a tomar forma dentro de mí, literalmente, salió de aquella lata de puros».

El primer cuento de Paul Auster fue escrito para una Navidad, pero no era una historia de Navidad, porque todo resultaba ambiguo en la atmósfera de Auggie Wren. Cuando Auster piensa en este personaje se pregunta: «¿Qué es robar? ¿Qué es dar? ¿Qué es mentir? ¿Qué es decir la verdad?».

Wang y Auster se conocieron unos meses después de aquella publicación. Almorzaron en Jack's Deli, el restaurante donde Auggie Wren le hace su cuento de Navidad a su amigo escritor. Después pasearon por Brooklyn, se compraron unos Schimmelpenninck, Auster contó historias y Wang le propuso hacer una película.

En diciembre de 1994, la película tenía nombre. Se iba a llamar *Smoke* y tendría además una compañera, que sería *Blue in the face*. Wang dice que en este camino Paul Auster fue su inspiración, su amigo, su hermano y su compañero de trabajo. Auster dice que desde el día que se conocieron, en 1990, supo que iban a ser amigos.

Paul Auster cría que *Smoke* podía ser muchas cosas a la vez, porque el humo sirve para referirse a la tienda de cigarrillos pero también a la forma en que las cosas pueden oscurecerse y volverse ilegibles. El humo nunca está fijo, cambia constantemente de forma, de la misma manera que los personajes de la película cambian cuando sus vidas se cruzan. Nubes de humo, cortinas de humo.

Smoke comienza con una imagen de Manhattan. De fondo están las Torres Gemelas vistas desde Brooklyn, el barrio donde tiene la tienda de cigarrillos Auggie Wren. Un tren va hacia Brooklyn. Se oye una discusión sobre béisbol. Los que discuten están en la tienda. Hay cajas de puros, revistas, diarios, accesorios para los fumadores y, claro, cigarrillos. En las paredes hay fotos en blanco y negro. Groucho Marx, George Burns, Clint Eastwood, Edward G. Robinson y la edad de oro, Orson Wells, Frankenstein. Todos tienen algo en común: fuman. Auggie Wren está detrás del mostrador, desaliñado, como la ciudad. En la puerta del baño, donde Wren guarda su doble vida, parece que hay una gigantografía de una azafata que ofrece cigarrillos. En Nueva York hay robos, las calles están sucias. Hay un escritor, Paul, que está buscando sus cigarros, aunque en realidad está buscando inspiración. Auggie Wren les cuenta a los demás que Paul perdió a su esposa embarazada en un robo al banco. Una bala perdida. Wren vio a esa mujer unos minutos antes del asesinato porque ella fue a comprar los puros que a Paul le gustaban. Wren se pregunta cosas: ¿qué hubiera pasado si ella no le daba el cambio exacto ese día? ¿Y si hubiera habido más gente en la tienda? ¿Si se hubiera demorado? Entonces, quizás, esa bala no se hubiera cruzado en su camino. La muerte serena, anunciada, dolorosa y, a veces, la cosa más inesperada de las esperadas.

Esa ciudad de Nueva York no existe más, como tampoco existen más las Torres Gemelas. Rudolph Giuliani se convirtió en alcalde de Nueva York en 1994 y desde su administración impulsó una «limpieza cívica». Giuliani fue primero demócrata, después se hizo independiente y al final republicano. Conocido como Rudy Giuliani, antes de ser alcalde fue fiscal federal y se hizo famoso por enfrentarse a la mafia neoyorkina en los ochenta. El mismo Giuliani que se iba a reunir con el ministro del Interior de la izquierda uruguaya, Eduardo Bonomi, durante la segunda presidencia de Tabaré Vázquez. Bonomi diría luego, con orgullo, que en su gestión se aplicó el mismo modelo exitoso de Giuliani. El abogado de Donald Trump, que en 2023 fue condenado a pagar 148 millones de dólares a dos funcionarias electorales de

Georgia porque las acusó infundadamente de cometer fraude en las elecciones contra Joe Biden. Ese también es Rudy Giuliani, el que se declaró en bancarrota para evitar el pago de esa suma de dinero.

Cuando Giuliani fue elegido como alcalde en Nueva York, más de dos mil personas morían asesinadas al año. Michael Bloomberg, el amigo de Uruguay en el juicio, fue el sucesor de Giuliani y su alcaldía comenzó después del 11 de setiembre de 2001, luego de que miles de personas fueran asesinadas en minutos. El mundo veía a dos aviones chocar contra las Torres Gemelas. Veía caer las torres. Se enteraba de que otro avión se había estrellado contra el Pentágono, ya ni siquiera el centro de operaciones de la Defensa de Estados Unidos estaba a salvo. Era una transmisión viral en televisión. No había departamento de Policía que pudiera detener los ataques a rascacielos con aviones secuestrados. El presidente George Bush anunciaba que Estados Unidos iba a invadir Afganistán para derrocar al régimen talibán que había dado cobijo a Osama bin Laden, el líder de Al Qaeda e ideólogo de los atentados. Al principio la operación se llamó Justicia Infinita, pero la semejanza del nombre con algunas expresiones religiosas del islam podía resultar ofensiva, así que su nombre definitivo fue Libertad Duradera.

Bloomberg ganó las elecciones por el partido Republicano presentándose como un *outsider* que se enfrentaba al *establishment* político. En uno de sus eslóganes se leía: «En estos tiempos difíciles, la ciudad de Nueva York necesita un líder, no un político». George Bush había dicho algo parecido para las presidenciales que ganó un año antes. Bloomberg se decidió a ser candidato después de una reunión de diez minutos con Bush, cuando sólo era un conocido empresario rico de los medios de comunicación. Eso sí, más rico y exitoso que los demás candidatos demócratas. Bloomberg no quería mostrar sus declaraciones de impuestos, algo que era reclamado por sus opositores. Los republicanos que lo apoyaban tenían la esperanza de que continuara las políticas de Giuliani. Cuando ganó, Bloomberg implementó un programa que se llamó «Parar, preguntar y registrar», que permitía a los policías detener a ciudadanos temporalmente e interrogarlos. Sus opositores lo criticaron por el excesivo control policial y la discriminación racial. Bloomberg tenía una frase de cabecera para defenderse: «En Dios confiamos; todos los demás, que traigan datos».

Bloomberg dejó la alcaldía de Nueva York en 2013, después se hizo independiente y en los últimos años se acercó al Partido Demócrata. En 2020 fue candidato en las internas que terminaron arrebatándole la presidencia a Donald Trump. Bloomberg era en ese momento el undécimo hombre más rico del mundo y tenía casi 80 años.

Ahora se ha convertido quizás en el mayor financiador del activismo climático del mundo a través de su fundación Bloomberg Philanthropies. El empresario lleva donados quinientos millones de dólares para cerrar plantas de carbón y gas en su país, y anunció que espera gastar otros quinientos millones más. Su objetivo son las nuevas plantas petroquímicas que fabrican fertilizantes, plásticos y embalajes. Esto generó resistencia en algunos sitios industriales del Estado de Luisiana, donde representantes de docenas de compañías como Exxon Mobil, Chevron y Dow, se han unido en un grupo llamado Consejo de Sostenibilidad de la Industria de Luisiana. Uno de los primeros documentos de ese grupo dice: «Las élites de otros estados están enviando casi cien millones de dólares a Luisiana para dictar nuestro futuro y nuestra forma de vida. Los habitantes de Luisiana son las mejores personas para decidir qué es lo correcto para Luisiana, no Michael Bloomberg».[55]

Esta no es la primera vez que la gente se enoja con Bloomberg porque les dice qué hacer. Como alcalde de Nueva York, Bloomberg se enfrentó a los refrescos azucarados, las grasas trans y los cigarrillos para frenar su consumo cotidiano porque, en su opinión, estaban afectando negativamente las vidas de las personas. En esa nota del *New York Times*, Bloomberg le responde a la nueva organización de Luisiana: «No creo que el argumento de que es bueno económicamente para uno justifique hacer algo, si eso significa matar gente. Si no pueden hacerlo más de esa forma, pero igual pueden obtener ganancias, encontrarán la manera».

Bloomberg nació en 1942 en la ciudad de Boston, Massachusetts. Su madre trabajaba como secretaria y su padre, que era contador, murió cuando él estaba estudiando ingeniería eléctrica en la Universidad Johns Hopkins. Esta universidad tiene actualmente una de las escuelas de salud pública más importantes del mundo, la Johns Hopkins Bloomberg School of Public Health. Bloomberg ingresó a Harvard después de estudiar ingeniería para hacer una maestría en administración de empresas. Esta decisión marcaría el resto de su vida y su fortuna. Primero, fue banquero en Wall Street, en la firma Salomon Brothers, donde se encargaba del comercio de acciones. Luego trabajó en el desarrollo de sistemas y se convirtió en socio de la empresa en 1972, pero su relación laboral terminaría nueve años después, cuando lo echaron de forma abrupta tras la venta de Salomon Brothers.

Bloomberg contó en su biografía que no tuvo ningún tipo de compensación al ser despedido. En ese momento, con 10 millones de dólares como patrimonio, creó su propia firma, Innovative Market Systems. Bloomberg había aprendido en Wall Street que la comunidad financiera estaba dispuesta a pagar por información comercial de alta calidad, entregada lo más rápido posible y en la mayor cantidad de formatos. Su cadena de noticias Bloomberg News lo llevó a la cima.

Bloomberg dice que tiene la intención de dejar su participación del 88% en la empresa de medios para darle esas acciones a Bloomberg Philanthropies. La decisión, en caso de concretarse, podría convertir a su fundación en la organización benéfica más grande de Estados Unidos, superando a la Fundación Bill y Melinda Gates.

En los últimos años, Bloomberg ha marchado por las calles de Nueva York en defensa del matrimonio igualitario. En 2018 puso 41 millones de dólares para apoyar la candidatura de los demócratas a la Cámara de Representantes. De los 24 candidatos que apoyó, 21 ganaron y 15 eran mujeres. En 2019 donó 3.900 millones de dólares para las organizaciones que trabajan en temas vinculados a las energías renovables y el acceso al aborto seguro.

Ese es Bloomberg, el hombre que pagó los abogados de Uruguay.

Annette Insdorf, catedrática del Departamento de Cine de la Escuela de Artes de la Universidad de Columbia, le hizo una entrevista a Paul Auster, con motivo del estreno de *Smoke* en 1995. Fue en el mismo año que Nueva York aprobó su primera normativa de prohibición de fumar en algunos espacios cerrados. Esta es una transcripción de la entrevista, publicada en el libro *Smoke y Blue in the face*, de Paul Auster:

AI: Es una de las poquísimas películas norteamericanas de los últimos años en la que los personajes disfrutan fumando. Y nadie entra en cuadro para decirles que no lo hagan.
PA: Bueno, el hecho es que la gente fuma. Si no estoy equivocado, más de mil millones de personas encienden cigarrillos en el mundo todos los días. Sé que el grupo de presión antitabaco de este país se ha hecho muy fuerte los últimos años, pero el puritanismo siempre ha estado entre nosotros, de una forma u otra, los abstemios y los fanáticos siempre han construido una fuerza en la vida norteamericana. No digo que fumar sea bueno para la salud, pero, comparado con las atrocidades políticas, sociales y ecológicas cometidas diariamente, el tabaco es un asunto menor. La gente fuma. Es un hecho. La gente fuma y lo disfruta, aunque no sea bueno para ellos.
AI: No seré yo quien se lo discuta.

PA: Es sólo una conjetura, pero puede que todo esto esté relacionado con la forma en que los personajes actúan en la película… Con lo que podríamos llamar un punto de vista no dogmático del comportamiento humano, ¿suena demasiado rebuscado? Quiero decir, nadie es simplemente una cosa u otra. Todos están llenos de contradicciones, y no viven en un mundo que se divida limpiamente en buenos y malos. Cada persona tiene sus puntos fuertes y débiles. En sus mejores momentos, por ejemplo, Auggie es casi un maestro zen. Pero también es un timador, un listillo, un gruñón y un completo hijo de puta. ¿Ve donde quiero ir a parar?
AI: Perfectamente. Como he dicho antes, no seré yo quien se lo discuta.
PA: Ese es el espíritu.

Paul Auster falleció por causa de un cáncer de pulmón. Tenía 77 años. Su esposa, la escritora Siri Hustvedt, escribió: «Fui ingenua, pero había imaginado que sería yo la persona que anunciara la muerte de mi marido, Paul Auster. Murió en casa, en una habitación que amaba, una habitación con libros en todas las paredes, desde el suelo hasta el techo, pero también ventanas altas que dejaban entrar la luz. Murió con nosotros, rodeado por su familia, el 30 de abril de 2024 a las 18:58».

El rugido

Eduardo Bianco era un hombre que hacía valer sus conexiones. En 2009, antes de que Tabaré Vázquez dejara la presidencia, Bianco le pidió una reunión porque sus posibles sucesores, que podían ser José Mujica o Luis Alberto Lacalle Herrera,[56] no le generaban confianza: «Presidente, ¿usted se va y qué hacemos después? ¿Cómo dejamos esto abrochado?».

En abril de 2010, con el juicio en marcha y a un mes de comenzado el gobierno de Mujica, Bianco había recibido una alerta de una persona de su confianza que trabajaba en el Ministerio de Defensa. El ministro Eleuterio Fernández Huidobro les había comentado a algunas personas que se estaba negociando con Philip Morris, y Bianco, enterado de esto, solicitó una reunión en el Ministerio de Salud Pública que encabezaba Daniel Olesker. Bianco fue a ese encuentro con Winston Abascal y Ana Lorenzo, porque Abascal lo había llamado desesperado en esos días para decirle que Mujica no quería saber nada con el tema del tabaco. Los tres salieron frustrados del encuentro en el Ministerio de Salud Pública, y Bianco decidió darle un aviso claro a Vázquez: «Mire que están negociando».

Philip Morris había elegido el momento para hacer su demanda internacional contra Uruguay, porque Tabaré Vázquez estaba a sólo una semana de terminar su mandato. Luego, cuando Mujica asumió la presidencia, la tabacalera comenzó con sus intentos de negociar una modificación de las normas que impugnaba en el juicio, con el propósito de retirar la demanda si el gobierno aceptaba. De esa manera, la disputa parecía más un problema que Vázquez le había dejado a Mujica que una cuestión de Estado: uno se veía como el presidente denunciado y el otro como el presidente elegido para negociar. Por entonces, Ana Lorenzo se cruzó con Mujica en un recital de música folclórica en la Sala Zitarrosa de Montevideo. Ella lo persiguió hasta el baño y cuando Mujica salió, le planteó que no podía aflojar, porque Philip Morris los había llevado al arbitraje para infundir miedo, para intimidar, para que nadie se animara a hacer lo mismo que Uruguay. Mujica escuchó y volvió a su asiento.

Mujica pertenece al mismo partido político que Vázquez, el Frente Amplio, pero las vidas de estos líderes de la izquierda uruguaya se parecen poco. Mujica había sido parte del Movimiento de Liberación Nacional-Tupamaros en los años sesenta y setenta. Esa guerrilla urbana lo llevó a la cárcel. Cuando salió en libertad, en 1985, se fue a vivir a una chacra junto a Lucía Topolansky, su compañera, también tupamara. Como presidente, Mujica hablaba de todo y con todos, en cualquier lado. Supo ser el político con más minutos en la televisión uruguaya: a veces se mostraba enojado en cámara, otras se veía ocurrente, casi siempre era impune. Sus discursos tienen millones de visualizaciones en YouTube, porque Mujica es un filósofo exótico de la vida, y hay decenas de libros escritos sobre la suya. Algunos fueron publicados en Japón, donde en los primeros días se vendieron más de cincuenta mil ejemplares.

A sus casi 90 años, Mujica arma un tabaco sentado en una silla de plástico maltrecha, dentro del contenedor que está en la entrada de su chacra. Esta vez llueve. Mujica prende el tabaco, da una pitada y en el lugar nadie está libre del humo de su tabaco. Ahora va a filosofar: «Allá por el 1800 alguien sacó la cuenta del tiempo que perdían los trabajadores en armar el cigarro, lo multiplicó por mil y se asustó. El origen de todo esto fue ese: ahorrar tiempo de trabajo. Me acuerdo de los neozelandeses que vinieron a hacer tambo en Uruguay, se agarraban la cabeza porque nuestros paisanos seguían armando el tabaco, y mientras lo hacían, también hacían sebo. En la campaña todavía se fuma tabaco, se ve que no prendió la idea del cigarrillo».

Mujica se pone serio porque va a explicar la contradicción que está a la vista. Está ahí para hablar del juicio contra Philip Morris, de los daños para la salud que hace el cigarrillo, con un tabaco encendido en la boca. Mujica habla de nuevo mientras el humo flota en el aire: «Es el mismo criterio que apliqué con la marihuana… En mi vida (jamás) probé un pucho de marihuana, ya con la plaga del tabaco me sobra, para qué quiero otra. Pero me parece ridículo meter en cana a un botija por un cigarro de marihuana, no tiene proporción, más bien el camino es otro. Yo no recomiendo ninguna adicción, pero estamos en un mundo tan pacato, tan cínico, que se crean estereotipos que… cuando vos prohibís algo para los gurises es lo peor. Cuando estamos saliendo de la adolescencia y entramos en la primera etapa de la juventud quedamos ensartados en eso hasta por curiosidad. Yo creo que hay que decir: esto es una plaga, ahí lo tenés, si lo querés jodete, pero si lo prohibís estás frito. Nosotros los viejos estamos más apegados al cigarrillo. Yo no me avengo a la civilización digital, sé que el mundo va para ese lado, los gurises tienen que dominar ese mundo, pero a mí dejame con los libros, con escribir y subrayar. ¿Por qué? Porque te hiciste de una manera y no te podés moldear con facilidad».

Mujica reconoce, años después, que tenía un problema grande, porque tenía que ir a un pleito «allá, con su majestad». Para Mujica su majestad son los Estados Unidos, el país de Marlboro. Tomar una decisión era difícil, porque algunos abogados le decían que era mejor llegar a un acuerdo, le explicaban que no le convenía pelear, y que si cedía un poco con las medidas iba a evitar el juicio y los riesgos de perder dinero. Ceder para ganar. Algo que podría haber sucedido, porque en sus cinco años como presidente Mujica aceptó negociar con empresarios poderosos para evitar batallas judiciales con el argumento de que estaba cuidando la plata del Estado, y dijo alguna vez: «A mí los abogados me enseñaron que más vale un mal arreglo que un buen pleito».

Pero en el caso de Philip Morris fue diferente, porque Tabaré Vázquez no le hizo fáciles las cosas. Fue un momento de incertidumbre, dice Mujica, que se zanjó en un mano a mano entre ambos en un campamento en el río San Juan, cerca de la estancia presidencial de Anchorena. Los dos conversaron largamente. Los cercanos a Tabaré dicen que ese día el oncólogo convenció a Pepe de no ceder. Pero Mujica dice que él nunca vio un acuerdo posible para evitar el juicio, porque «estos hijos de puta nos iban a cagar de cualquier manera».

Mujica cuenta que aquel encuentro con Vázquez lo hizo regresar decidido a enfrentarse con su burocracia técnica, que era la que realmente no quería seguir. «Es muy aventurado ir al arbitraje», escuchó una vez más en su entorno. Pero él dice que insistió y que esa vez no lo frenaron. Convencer a Mujica era una posibilidad, el asunto siempre era ver quién lo conseguía.

En Mujica, la idea de ir hasta las últimas consecuencias parece algo que se quedó en su juventud. Durante su gobierno, Uruguay votó una ley de Matrimonio Igualitario; se despenalizó y reguló el consumo de marihuana; se creó una universidad tecnológica fuera de la capital; y una ley que despenalizó y estableció un procedimiento sanitario para el aborto en condiciones seguras. En este último caso, la ley se aprobó a pesar de Tabaré Vázquez, que había vetado los artículos principales del proyecto unos años antes durante su presidencia.

Vázquez era un líder diferente. En algunos casos no negociaba y estaba dispuesto a imponerse si lo creía necesario, incluso por encima de los intereses de su partido. Quizás es como dijo al asumir su segunda presidencia:

«Dentro de la Constitución y la ley todo, fuera de ellas, nada». Todo o nada eran posibilidades.

En la década del sesenta, cuando Tabaré Vázquez todavía era estudiante de Medicina, en un lapso de seis años su madre, su hermana y su padre habían muerto de cáncer. Él definiría al cáncer como su «mal amigo» en el único libro que escribió, al año de que se iniciara el juicio contra Philip Morris. En 1990, cuando Vázquez asumió como intendente de Montevideo, una de sus primeras medidas fue prohibir que se fumara en los locales municipales, y su secretario político, Ariel Bergamino, recuerda que entraba a los lugares olfateando para detectar si alguien había estado fumando: «Le decíamos que no había nada peor que un converso, bromeábamos con él, porque Tabaré había sido fumador y uno bastante intenso».

Vázquez nació en La Teja, en un barrio popular de Montevideo. Se casó con María Auxiliadora Delgado, tuvo cuatro hijos y después se mudó al Prado, un pulmón verde de la ciudad. En su juventud estudió medicina en la Universidad de la República y se recibió de oncólogo; y ni siquiera cuando fue presidente dejó de atender pacientes en consulta. Había días, incluso, en los que Vázquez se encerraba en su despacho por culpa de su trabajo como médico. Bergamino era uno de los pocos que podía preguntar qué pasaba y a veces escuchaba como respuesta: «Hoy perdí, no pude ayudar a un paciente». Según Bergamino, Vázquez siempre intentaba mostrarse como un hombre moderado, aunque no era un tipo sin emociones, sino que, en general, podía controlarlas: «Se tomaba su tiempo. En el mano a mano era introvertido. Hay que entender su carga genética, su experiencia de vida, era un tipo acostumbrado a lidiar con situaciones complicadas y nunca iba a estar exultante ni deprimido, era lineal. Tabaré era un profundo humanista».

Cuando Vázquez llegó a la Presidencia en 2004 su entorno se preparó para gobernar. Bergamino fue el encargado de hacer los deberes: «Pensamos en ver cómo hacían otras presidencias y yo hice pasantías con tres amigos. Me fui a Madrid a ver cómo trabajaba el equipo de Rodríguez Zapatero.[57] Otra semana a Brasilia, a ver cómo trabajaba Lula.[58] Otra a Chile, para ver cómo trabajaba Lagos.[59] En el caso de Lula, era un presidente aluvional, como Mujica. Le habían montado un equipo que lo ordenaba, tenía tres secretarías que eran sargentas de caballería, porque al principio Lula iba a reuniones multitudinarias y nadie llevaba notas, entonces, todo terminaba en un entradero y salidero de gente. Lula le daba una orden al primero que pasaba y de repente era el electricista de Planalto. Lagos era al revés. Su equipo tenía que humanizarlo. Le decía: "Presidente, mañana juega Chile en el estadio, vaya"; "Presidente, falleció la madre del ministro, llámelo". Tabaré no era una cosa ni la otra. Estaba en el medio de los dos, no te andaba arriba todo el día, ni vos podías andar arriba de él. Nosotros todos los días a las ocho de la mañana nos juntábamos con Gonzalo Fernández[60] y el Perro Vázquez,[61] hacíamos un *ranking* de temas y definíamos quién iba a hablar con él y qué dejábamos por fuera. No se podía golpear todo el tiempo la puerta del presidente, no podíamos ir los tres con cinco problemas cada uno».

Bergamino conoce a Vázquez, a Mujica, y cree que ambos fueron personas que pusieron siempre al partido político por encima de sus diferencias particulares, aunque él siente por Vázquez admiración y afecto personal. Dice que Tabaré, como le gusta llamarlo, se mantuvo al margen del gobierno de Mujica y muy pocas veces opinó, pero con Philip Morris fue diferente: «Cuando trascendió que el gobierno de Pepe quería flexibilizar normas para evitar el juicio, Tabaré pateó el tablero. Fue un rugido».

Unos años después, en 2014, ya convencido del valor de la pelea, Mujica visitó Estados Unidos y se reunió con Barack Obama en el Salón Oval. En ese lugar, al que llama «pieza grande», Mujica le dijo a Obama: «El que está hablando es un viejo fumador; se nos están muriendo ocho millones de personas por año, supera a la Primera Guerra Mundial, la Segunda y todo. Los gobiernos no tienen que participar en pleitos privados, pero acá hay una batalla por la vida». Obama escuchó a Mujica y cambió de tema sin decir nada.

Ahora, ya retirado de la política institucional, Mujica anuncia que tiene cáncer de esófago y que va a comenzar su tratamiento en la clínica fundada por Tabaré Vázquez. Cuando ve las imágenes de ese encuentro con Obama en la Casa Blanca, al principio dice que no se acuerda. Después murmura: «Ah, sí, probablemente esto fue importante».

Estimado presidente

Cartas de padres a hijos, cartas que se parecen a sus autores, cartas amables, cordiales, atentas, cartas de presentación, por correo, de pago, cartas personales, de puño y letra. Amores que pueden empezar y terminar con cartas. La carta es una forma del pensamiento, un hábito en desuso para algunos, algo desconocido para otros.

Eduardo Bianco le escribió cartas al presidente Tabaré Vázquez. Cartas que buscaban cultivar una distancia cercana. Bianco se refería a Vázquez como «Estimado presidente» o «Dr. Vázquez», y las respuestas venían en el mismo papel, con anotaciones de puño y letra del presidente en el margen derecho. Algunas de esas cartas fueron utilizadas como prueba en el juicio contra Philip Morris.

Bianco era estratégico. Primero, escribía destacando los logros de Uruguay. Después alertaba de los riesgos existentes, que podían hacer que «todo lo construido pudiera perderse», y al final pedía acciones concretas. En una de esas cartas, le dijo a Vázquez que era necesario definir una posición oficial de Uruguay para la Conferencia de las Partes sobre el Convenio Marco, un evento previsto por la OMS para discutir los avances de la lucha contra el tabaco.

En ese entonces, el convenio llevaba tres años de vigencia y la reunión se iba a llevar a cabo en 2008, en Sudáfrica.

Vázquez, que no le daba su tiempo a mucha gente, respondía a los pedidos de Bianco con órdenes. Si la sugerencia le parecía bien, al lado de los párrafos anotaba con lapicera: «De acuerdo. Tabaré. 04/04/08». Por ejemplo, en ese caso de la conferencia en Sudáfrica, Vázquez estuvo afín con nombrar como representantes oficiales del gobierno para esa reunión a Bianco y a María Julia Muñoz, y también estuvo de acuerdo con que ambos representantes propusieran a Uruguay como sede del siguiente encuentro, que estaba previsto para fines de 2010:

¿Qué opina UD de esto, Sr. Presidente? ¿Es una locura? ¿Ve factible UD proponer la candidatura de Uruguay para este encuentro? Si su respuesta fuera afirmativa, con más razón, un representante significativo del gobierno de Uruguay debería estar presente en Sudáfrica en la Tercera Conferencia de las Partes. Así mismo, Uruguay deberá presentar posiciones en los temas a discutir que mantengan su carácter de líder de control del tabaco. Si usted acepta el reto, nos comprometemos a colaborar al máximo para que el evento sea un éxito y para conseguir todo el apoyo internacional posible.
Bueno. Le pido disculpas por lo extenso de la carta y le agradezco nuevamente por el papel que usted está jugando en el control de tabaco a nivel nacional e internacional.
Saludos cordiales,
Dr. Eduardo Bianco.

Bianco había alertado al presidente sobre la disputa que iban a tener con México y Brasil para ser sede de la siguiente conferencia en 2010. En Sudáfrica, Muñoz habló de las maravillas de Punta del Este, dijo que al ser una península les daba todas las condiciones de seguridad a las delegaciones para que Uruguay los recibiera. México aceptó pero Brasil no, porque sus delegados también la querían. Entonces, Muñoz llamó a Vázquez: «Tuve que recurrir, no se podía hablar mucho con él, yo sólo lo hacía cuando no había más opciones. Tabaré llamó a Lula, Lula llamó a la delegación de Brasil y les dijo que le dejaran eso a Tabaré, que era médico».

El evento se hizo en Uruguay en noviembre de 2010, cuando Vázquez ya no estaba en la presidencia. Había sido un año difícil, de peleas internas para ver si se avanzaba con la demanda o si se negociaba con la empresa. Finalmente, Mujica, su canciller Luis Almagro y el ministro de Salud Pública, Daniel Olesker, cerraron la Conferencia de las Partes sobre tabaco en Punta del Este y cerraron filas para enfrentar a Philip Morris.

Por si fuera poco, el alcalde de Nueva York, Michael Bloomberg, contaba públicamente en esos días que había hablado por teléfono con el presidente Mujica para comprometer su ayuda,[62] ya que consideraba a este país como «el líder mundial en leyes antitabaco» y la demanda de Philip Morris era un «intento de intimidar» que había «movilizado a las fuerzas antitabaco de todo el mundo». Bloomberg anunciaba que una parte de los 375 millones de dólares de sus fondos filantrópicos destinados a la lucha contra el tabaquismo serían usados para financiar investigaciones, conocimientos jurídicos y campañas de educación pública en medios de comunicación que apoyaran a Uruguay.

La declaración final del encuentro en Punta del Este realizada por los Estados fue una muestra de respaldo para los uruguayos, a pesar de que no se mencionara directamente a Philip Morris ni al juicio:

Las Partes en el Convenio Marco de la OMS *para el Control del Tabaco declaran:*
1. Su firme voluntad de priorizar la aplicación de medidas sanitarias destinadas a controlar el consumo de tabaco en sus respectivas jurisdicciones.
2. Su preocupación por las acciones de la industria tabacalera que buscan subvertir y socavar las políticas gubernamentales de control del tabaco.
3. La necesidad de intercambiar información sobre las actividades nacionales o internacionales de la industria tabacalera que interfieren en la aplicación de políticas de salud pública con respecto al control del tabaco.
4. Que en función de lo dispuesto en los artículos 7 y 8 del Acuerdo sobre los ADPIC *y en la Declaración de Doha, las Partes pueden adoptar medidas para proteger la salud pública, y en particular regular el ejercicio de los derechos de propiedad intelectual en concordancia con las políticas nacionales de salud pública, a condición de que esas medidas sean compatibles con el mencionado Acuerdo.*
5. Que las Partes tienen derecho a definir y aplicar políticas nacionales de salud pública destinadas a cumplir

debidamente los convenios y compromisos asumidos bajo la égida de la Organización Mundial de la Salud, y en particular el Convenio Marco de Control de Tabaco de la OMS.

Trastos de guerra

El rugido de Tabaré Vázquez se escuchó en setiembre de 2010, en un discurso público que dio dos meses antes de la Conferencia de las Partes en Punta del Este:[63]

Nadie –absolutamente nadie– tiene derecho a poner en riesgo la soberanía de un Estado y el orden público de un país. Y ningún uruguayo –absolutamente ninguno– tiene derecho a violar la Constitución de nuestra República ni a facilitar o tolerar que otros lo hagan. Con la soberanía de un Estado, con el orden público de un país o con la Constitución de una República no se juega. Hay que ser firmes, respetuosos y prudentes en su manejo, y no encandilarse y acelerar ante cualquier invento.

Pese al «perfil bajo» con que los uruguayos hacemos las cosas, nuestra política para el control del tabaquismo no pasó desapercibida para la tabacalera Philip Morris, fabricante de Marlboro, la marca de cigarrillos más vendida en el mundo, gracias, entre otros factores, a una excelente campaña publicitaria basada en imágenes de «cowboys» que fuman mientras realizan sus rudas tareas o mientras descansan de noche, en el monte, junto al fuego.

Pues bien: en febrero pasado Philip Morris presentó un recurso contra Uruguay por violación del Acuerdo Bilateral de Inversiones que tenemos con Suiza, país donde, dicho sea de paso, rigen normas antitabaco tan o más estrictas que las nuestras, donde no hay «cowboys», pero donde Philips Morris tiene su centro financiero y operativo. Obvio es decir que a esta tabacalera, como a todas las tabacaleras, poco le importa la salud de sus clientes. Ni siquiera la salud de sus modelos publicitarios, si se considera que dos de ellos, los actores Wayne McLaren y David McLean, murieron hace algunos años de cáncer pulmonar.
También les digo que a los uruguayos no nos gusta andar gritando ni pleiteando por el mundo, que no tenemos vocación de mártires, que no nos gusta la cultura de la queja y de la excusa, y que no tenemos miedo… y tampoco tenemos precio.
Cuando hay que negociar, negociamos. Yo lo he hecho y lo haré todas las veces que sea necesario, no tengo pruritos en decirlo. Entre otras razones —lo digo sin petulancia alguna— porque negocian los fuertes. Los débiles no pueden negociar, y los que se imponen sin convencer o negociar, se imponen, pero más temprano que tarde los vence su debilidad.
Claro, también creo que hay cosas que son innegociables: no se negocia la soberanía y el orden público de un país; no se negocia nuestro ordenamiento constitucional y legal; no se negocia la salud de los uruguayos. Porque la salud es la vida. Y la vida es todo.

Un día Vázquez se impuso sin convencer. Dos años antes de pronunciar estas palabras, había vetado una parte de la Ley de Defensa del Derecho a la Salud Sexual y Reproductiva que los legisladores de su partido votaron. Sus argumentos fueron presentados tres días después al Poder Legislativo, escritos en una carta, donde el presidente dijo que no se podía desconocer «la realidad de la existencia de vida humana en su etapa de gestación». Vázquez llegó a hablar incluso de la libertad de las empresas médicas:

> *Esta ley afecta la libertad de empresa y de asociación, cuando impone a instituciones médicas con estatutos aprobados según nuestra legislación, y que vienen funcionando desde hace más de cien años en algún caso, a realizar abortos, contrariando expresamente sus principios fundacionales.*
> *El proyecto, además, califica erróneamente y de manera forzada, contra el sentido común, el aborto como acto médico, desconociendo declaraciones internacionales como las de Helsinki y Tokyo, que han sido asumidas en el ámbito del Mercosur, que vienen siendo objeto de internalización expresa en nuestro país desde 1996 y que son reflejo de los principios de la medicina hipocrática que caracterizan al médico por actuar a favor de la vida y de la integridad física.*
> *De acuerdo a la idiosincrasia de nuestro pueblo, es más adecuado buscar una solución basada en la solidaridad que permita promocionar a la mujer y a su criatura, otorgándole la libertad de poder optar por otras vías y, de esta forma, salvar a los dos.*

Vázquez consiguió el veto con el respaldo de la ministra de Salud Pública, María Julia Muñoz. Eso era lo que la Constitución le exigía en este caso: una sola firma, la del ministro relacionado con el tema en cuestión.

Muñoz conocía a Vázquez desde que eran estudiantes en la Facultad de Medicina. Ella había sido parte de su gabinete departamental en la intendencia y luego, cuando Vázquez llegó a la presidencia, se convirtió en su ministra de Salud Pública. Muñoz dice que firmó el veto a pesar de que no estaba de acuerdo: «A mí me parece que la vida se protege cuando hay vida y eso sucede después de las veintiuna semanas, antes el embrión no tiene vida propia, esa es mi creencia, pero cada uno tiene la suya. Él me habló antes de asumir, me dijo que si esta ley se presentaba él la iba a vetar. Todos sabían lo que pensaba Tabaré. Yo hablé con las legisladoras del Frente Amplio en aquel momento y les dije que si hacían algunas modificaciones era posible aprobar la ley. Pero las legisladoras estaban empeñadas en que el centro tenía que ser el cuerpo de la mujer, que era la mujer la que debía decidir sobre su cuerpo, y yo no me oponía a eso, pero el presidente sí. La gente no vota a los ministros, no le importa lo que piense yo. Era una deslealtad política no firmar y por eso yo firmé, y no me arrepiento. Tuve al lado a tantos hombres en el gabinete que decían "mi mujer me mata si firmo esto" y a los tres meses se divorciaron, y yo me mataba de la risa. Todavía me puedo encontrar a una quinceañera que me dice: «¡Esta firmó para el aborto!». Y yo le digo que "sí, nena, pero hice mucho más que vos por las mujeres"».

Muñoz cuenta esto en su casa, ya retirada de la militancia política. A través del ventanal de su living se ven las copas de los árboles y la lluvia en Montevideo. Al lado del sillón principal hay una mesa con algunos objetos y dos fotografías. En una están Tabaré Vázquez con Líber Seregni y el cantante Joan Manuel Serrat en Cuba. También hay una pequeña bruja y una escultura de metal con dos bailarines que hacen un paso de tango. Las paredes se parecen a las de un museo, con los cuadros pegados uno al lado del otro. Muñoz cuenta que a algunos los eligió ella. Hay un par de cuadros hiperrealistas, de salones en penumbras, profundos y lúgubres, pintados por Enrique Medina. Hay otros coloridos, abstractos. Muñoz señala uno y dice que atendió a ese pintor cuando era médica: «Le dije al autor que me encantaba esa cabeza de caballo, en ese desierto con trastos de guerra, y él me respondió que era un paisaje lunar. Para él lo sería, para mí no».

Muñoz estuvo al frente del Ministerio de Salud Pública durante la primera presidencia de Vázquez y volvería con él para su segundo mandato, aunque esa vez estaría al frente del Ministerio de Educación y Cultura. Ella cree que siempre la eligió para las tareas difíciles, porque nunca se caracterizó por ser un «angelito». Muñoz mira para el costado cuando dice esto, sonríe y se acomoda el pelo detrás de la oreja. «Me sale decir que tengo un poco de instinto asesino, pero queda demasiado duro y no lo vas a borrar, estoy segura de que te va a encantar. Soy un poco más dura, ahí queda mejor».

Cuando Vázquez vetó la ley del aborto, los jóvenes del Partido Socialista rápidamente emitieron una declaración de rechazo en la que decían que un presidente debía defender las convicciones de su pueblo. A esto se sumó después una declaración del Congreso del Partido Socialista, donde estaban muchos de sus compañeros pidiéndole al Frente Amplio que volviera a presentar el proyecto en la próxima legislatura, cosa que finalmente sucedió y la ley se aprobó en el año 2012.

Vázquez se fue del Partido Socialista por este episodio. Casi treinta años después de haberse afiliado, presentó su renuncia en otra carta. Esta vez escrita entre lágrimas, según recuerda Bergamino, su fiel compañero que lo ayudó a redactar esas palabras en el despacho. Años después, Vázquez contaría que si el Frente Amplio hubiera levantado el veto en el Parlamento, algo que la Constitución uruguaya permitía si se alcanzaban los votos, él hubiera renunciado a la presidencia.[64] Dentro de la Constitución y la ley: todo o nada.

Humanistas

El origen es de seres unicelulares muy primitivos que evolucionaron hasta convertirse en las complejas estructuras biológicas de este tiempo, en cuerpos que son contenedores o ecosistemas de microbios, que coexisten y se ayudan a vivir. El ser humano se diferencia del resto de los animales por su conciencia. Al menos es lo que podemos decir hasta ahora. Sabe de su propia existencia. Sabe que sabe y lo recuerda. Sabe que existen el placer y el deseo. Quiere evitar el dolor, la enfermedad y la muerte. Sabe que no sabe todo, por eso busca la cura. Hubo brujos, chamanes y magia hasta que los griegos empezaron a aplicar el pensamiento crítico para buscar la relación causa-efecto de las enfermedades. Los griegos, de los que proviene el concepto fármakon, que significa remedio y veneno. El resultado sólo depende de la dosis.

Humberto Correa es autor del ensayo *Humanismo médico* (2016). Correa es docente, especialista en medicina interna, medicina pulmonar y medicina intensiva. Es uruguayo, médico y humanista, igual que Tabaré Vázquez. Como decía Bergamino: un profundo humanista.

La expansión del humanismo se inicia con el Renacimiento en el siglo XV, en el mismo tiempo histórico en que Colón descubre el tabaco de los indios. Son los albores del pensamiento racional, que llegará hasta nuestro tiempo con la medicina científica de los siglos XIX y XX, con la ciencia y la técnica convertidas en los dioses de este siglo. Las verdades son científicas, aunque no son las únicas, y los científicos dicen que fumar mata. Las verdades cambian, como los consensos de la ciencia y como la industria tabacalera, que ahora también dice que el cigarrillo mata sin ambigüedad, aunque durante años se resistió a reconocerlo. Fumar es en todo caso elegir una forma de morir dentro de las posibilidades estadísticas, es aumentar una de las tantas posibilidades. Que fumar no sea el único hábito dañino ni la única adicción de los hombres no exculpa al cigarrillo de sus consecuencias, ni relativiza su daño.

En todo caso, debemos pensar si la longevidad es un valor para la salud. Envejecer y hacerlo bien, sanos, es una idea que también tiene expresiones en el Renacimiento. Luigi Cornaro nació en Padua en 1467 y murió en esa misma ciudad en 1565, a los 98 años. Cornaro era un aristócrata que alcanzó la fama en 1550, cuando decidió escribir un ensayo autobiográfico acerca de su vida, al que llamó *Tratto della vita sobria*.[65]

> *Sólo de dos cosas depende este género de vida: de la cantidad y de la calidad. La calidad consiste en no tomar alimentos ni bebidas contrarios al estómago. La cantidad pide que no se coma ni se beba sino lo que el estómago pueda digerir sin dificultad.*

Son muchos los sabios que han afirmado que pueden conseguir el oro potable o elixir por tantos buscado y por tan pocos encontrado. Pero confesemos la verdad, los hombres son por lo general muy sensuales y disolutos, deseosos de saciar sus pasiones y de entregarse siempre a infinitos desórdenes. Cuando advierten que no pueden escapar a las consecuencias de un estilo de vida disoluto dicen, para excusarse, que es mejor vivir diez años menos, pero a gusto, y no recapacitan sobre la enorme importancia que tienen para el hombre diez años más de vida, y de vida sana, vividos en la edad madura, es decir en la edad que da a conocer a los hombres por lo que realmente son, por lo que hacen y por lo que valen en toda clase de virtudes. Y estas no alcanzan su plenitud sino a esta edad.

La historia no es lineal. El modelo científico y racional no ha reemplazado a la fe, quizás porque esta es otra estructura de pensamiento que no es desplazable. La lógica de las medicinas alternativas, de las religiones, es la lógica de la falta, porque todavía existen cosas que no podemos explicar. En este mundo, los médicos aún ostentan un poder de curación que las personas les asignan y que la cultura valida.

Humberto Correa cita al historiador José Pedro Barrán en su ensayo y explica que a partir del primer tercio del siglo XX la mirada sobre los médicos cambió. Dejaron de ser modestos para los ojos de la sociedad, debido a la jerarquización de la salud, el endiosamiento del cuerpo y la restauración de un periodo de hedonismo narcisista. Esta combinación hizo que las personas los necesitaran más allá de las enfermedades reales que padecieran. Los necesitaron como guardianes de su salud, como embellecedores. La medicina y la cirugía se volvieron científicas, cosa que antes no sucedía. Se comenzó a controlar el dolor, el conocimiento más fiable pasó a ser el de la biología y la medicina, las vacunas se hicieron eficaces y aparecieron los medicamentos casi milagrosos para las enfermedades epidémicas como la tuberculosis y la sífilis. Los médicos hicieron sus asociaciones, su prestigio creció, se convirtieron en una clase: la clase médica. El cambio social favoreció a la ciencia y a los médicos, pero Correa dice que ese poder que conquistaron no era el auténtico y maravilloso poder de curar, sino que era el poder de infiltrar toda la sociedad y la cultura, usando su prestigio. Correa dice esto en base a los estudios de Barrán y aclara que a pesar de que parece una exageración, todo está bien documentado.

Tabaré Vázquez admiraba a Barrán. Dos años antes de llegar a la presidencia, Vázquez participaba de un grupo que se llamaba «Análisis prospectivo» y que se juntaba en la casa de Ariel Bergamino. Siempre eran las mismas personas, por fuera de la institucionalidad de su partido político y del Estado, y nada de lo que se decía ahí se hacía público jamás. Bergamino cuenta que uno de los invitados a esos encuentros era Barrán, que nunca faltaba y siempre preparaba todo lo que iba a decir. Lo más importante que les enseñó el historiador, en palabras de Bergamino, fue el sentido del término nación: «Es lo que nos une a todos por sobre todas las cosas y que suele confundirse con patria, que es un concepto de la derecha».

La clase médica ha dejado de ser la que describe Barrán. Dice Correa que todo cambió a partir de los noventa, con el crecimiento de la información y las comunicaciones, con el desarrollo económico del sistema liberal y la cultura del cliente, donde el que paga, exige, y los médicos no se salvaron de esto. Las desigualdades entre la clase médica también crecieron, y como colectivo perdieron el monopolio real en la organización de la salud. Aunque para la mirada social todavía conservan su poder, porque si algo nos duele, si algo no es bueno, seguro el médico podrá curarlo.

Esa mirada de Tabaré Vázquez, la del médico y político que defiende la vida, fue la que prevaleció para sostener gran parte de la defensa de Uruguay durante todo el juicio contra Philip Morris.

Los ojos del mundo

Las audiencias presenciales en los arbitrajes como el de Philip Morris contra Uruguay son el momento de mayor tensión. Paul Reichler, el principal abogado de Foley Hoag, siempre hacía una arenga con los uruguayos antes de cada declaración frente al tribunal. Les decía que no se olvidaran de que estaban en ese lugar trabajando por la Justicia, que no era una disputa comercial lo que tenían por delante, y les pedía especial atención en este punto, porque así era como la tabacalera quería que se vieran las cosas: «Ustedes están acá para defender a todas las vidas del mundo, están ante una misión sagrada. ¡Hasta la victoria, siempre!».

Los arbitrajes son juicios que llevan años, donde toda la documentación y los testimonios están expuestos y visibles para la contraparte. Por eso, los abogados dedican mucho tiempo a la preparación de los testigos para las audiencias, que es el lugar donde se tienen que refrendar las declaraciones previas. Además, en este caso, las cosas se hicieron en consulta con dos interlocutores oficiales del gobierno. Primero, el prosecretario de la Presidencia, Diego Cánepa, y después el abogado Miguel Ángel Toma, la voz y los ojos de Vázquez en este asunto.

El juicio empezó en febrero de 2010, con la presentación de la demanda, y tuvo dos instancias de audiencias, una en 2012 y otra en 2015. Los testigos que participaron eran de parte, es decir que habían sido citados porque estaban directamente involucrados con el caso,[66] y después había testigos expertos (peritos), que dieron sus opiniones técnicas con el sesgo de quien los había contratado.

En octubre de 2015, las primeras palabras de Uruguay en las audiencias en Washington D. C. fueron pronunciadas por Miguel Ángel Toma. En su discurso, el entonces secretario de la Presidencia dijo que el tabaquismo no era una epidemia como otras, porque detrás estaba una empresa multinacional decidida y poderosa, que había utilizado grupos de presión sobre los que existía suficiente evidencia acumulada.

Hay un interrogatorio de esas semanas de octubre que todos recuerdan. Sucedió el tercer día, cuando Winston Abascal estuvo sentado frente a Stanimir Alexandrov, líder de la práctica de arbitraje en el estudio Sidley. Alexandrov, al momento de las audiencias, tenía más de quince años de experiencia en controversias internacionales representando a privados y a gobiernos. El abogado de Philip Morris había cobrado algunos millones de dólares por su trabajo en este juicio, mientras Abascal necesitaba miles de vidas como funcionario público para ganar esa cantidad de dinero en una realidad hecha de fuerzas desiguales, que se parece más a los tabacos que Mujica arma con sus manos.

La defensa de Uruguay había previsto que el interrogatorio fuese de tres horas, pero Alexandrov dejó sin aire a Abascal en cuarenta y cinco minutos. Su memoria flaqueaba, el abogado de Philip Morris lo acusaba de desdecirse o modificar declaraciones públicas, y él se defendía aduciendo que era una persona razonable, que podía cambiar de opinión. «A mí no me importa lo que usted piensa de sí mismo», le repetía Alexandrov. Abascal no escuchaba bien. Estaba sentado en medio de dos mesas eternas con muchas personas en silencio, porque esa era la regla. Si alguien tenía algo que comunicar, debía hacerlo por escrito, en pequeños papeles que circulaban por la sala como apuntes secretos hechos por estudiantes que querían copiar en el examen. Si fueran argentinos les llamarían «machetes», si fueran chilenos, «torpedos», pero como eran uruguayos les llamaban «trencitos». Y a todos les habían avisado antes de entrar que no se olvidaran de los trencitos y que no los tiraran en las papeleras, porque en ese lugar se revisaba hasta la basura en busca de evidencia.

Abascal no estaba preocupado por los trencitos. Otra cosa lo incomodaba. Los abogados de Foley Hoag le habían dicho que no podía demostrar emociones, que debía cuidar su «lenguaje corporal». Abascal había intentado evitar que la década de pelea que llevaba contra el consumo de tabaco se volviera en su contra. Había escuchado durante años a su esposa decir que estaba loco, que no podía ir a los lugares que iba, que no podía dedicarle tanto tiempo a esto. Ahora, en el juicio, su cuerpo no le hacía caso. El día anterior a la declaración no había dormido, ni comido. Alexandrov lo presionaba. En el estrado le dolía la espalda. Era un dolor muy fuerte.

Reichler, que era un estratega con experiencia en estos juicios, donde los abogados tienen la oportunidad de preguntar para que el testigo aclare sus afirmaciones, podía ayudarlo a salir del embrollo. Pero si Abascal respondía mal, la tabacalera obtendría en ese tercer día una pequeña victoria o una gran victoria. Algo así no se sabe a esa altura de las audiencias.

Reichler les pidió a los árbitros una pausa y el equipo de abogados de Uruguay se reunió en una sala sin Abascal, que se quedó solo en el estrado, sin entender bien lo que sucedía. Eduardo Bianco, que también había sido citado para declarar como testigo, todavía recuerda la reunión que hubo en ese momento: «Paul nos dijo que podíamos ir a rescatar el punto o dejarlo así. Nos dijo que siempre había riesgos. Nosotros con Ana (Lorenzo) no queríamos, les pedimos que pararan la tortura a Winston. Toma y Gianelli[67] dijeron que querían ir para adelante. Al final se decidió volver y repreguntar. Es probable que el tiempo de espera le hubiera ayudado a Winston a recuperarse. Paul estuvo brillante en la reformulación de la pregunta. Cuando volvió nos dijo que con la última respuesta de Winston creía que habíamos ganado todos los puntos ese día».

Otro participante de esa reunión cuenta que la defensa de Uruguay decidió volver con dos preguntas para Abascal, dos preguntas que lo ayudarían a encontrar el rumbo que había perdido: ¿Si alguien fabrica un medicamento nocivo para la salud, el Estado puede intervenir y prohibir su fabricación o venta? ¿Cómo funciona esto en Uruguay?

Reichler le hizo saber al tribunal que haría sólo dos preguntas. Cuando hizo la primera, Alexandrov lo interrumpió con el argumento de que Abascal era un testigo de hecho y, entonces, sólo podía responder hechos, no reflexiones. El tribunal autorizó igualmente la pregunta. Abascal, finalmente, pudo decir que los Estados tenían derecho a intervenir, y explicó cómo podían hacerlo. Reichler escuchó la respuesta y decidió que no haría la segunda pregunta. Sin embargo, Crawford, el árbitro elegido por Uruguay, abrió el micrófono y le pidió a Reichler que la hiciera. Abascal había recuperado la memoria y la calma. Reichler le pidió al funcionario que contara su experiencia en el caso uruguayo, y cuando Abascal terminó de responder, el abogado hizo un comentario final: «Queda claro que Philip Morris ha sido el gran ganador en estos años y, los Estados como Uruguay, los grandes perdedores».

Con esas palabras, Reichler le estaba diciendo a los árbitros que en los cinco años que llevaba el juicio, la empresa había logrado detener todos los avances en regulaciones en el mundo y, sin embargo, las ventas nunca habían parado.

Cuando Reichler recuerda el momento de tensión vivido con Abascal abandona su español por un momento y dice *I held my breath*. En la charla también sostiene la respiración otra vez cuando lo cuenta. Piensa en inglés, aunque lo usa poco porque conoce el español. Dice que durante el juicio se apoyó en su optimismo, en el recuerdo de las discusiones de preparación que tuvieron antes y en la notoriedad que adquirió la disputa, porque para él la pelea de Philip Morris contra Uruguay no era sólo un enfrentamiento entre un inversionista y un Estado. Reichler abandona el español de nuevo y dice: «The whole world is watching».

Los ojos del mundo también habían estado puestos sobre Nicaragua el 19 de julio de 1979, cuando cayó Anastasio Somoza Debayle, el tercero de la dinastía familiar de dictadores. El Frente Sandinista de Liberación Nacional había llegado al poder después de años de persecuciones, torturas, lucha armada y política. Para muchos, fue la segunda gran victoria revolucionaria en América Latina después de la cubana.

Los sandinistas no tenían experiencia internacional, pero la necesitaban. Sobre todo porque debían generar influencias en Washington D. C. para poder incidir en la política exterior de Estados Unidos, a través de los opositores al presidente Ronald Reagan. En ese momento, el panameño Omar Torrijos les aconsejó que se contactaran con el estudio de abogados que lo había ayudado a recuperar el canal de Panamá. Los nicaragüenses le hicieron caso. Paul Reichler trabajaba en ese estudio y, cuando se enteró del contacto, les dijo a los socios que quería ser el abogado de este caso por razones morales y políticas. Por si había dudas, exhibió su buen manejo del español.

Reichler tenía con América Latina una historia personal, que había empezado cuando tenía diecinueve años en un intercambio en la Universidad Central de Quito (Ecuador). Habían sido seis meses, su primer viaje fuera de Estados Unidos, alojado en la casa de una familia ecuatoriana. En ese tiempo, Reichler se hizo de amigos que hasta ahora define como progresistas: «No eran comunistas. Eran nacionalistas, querían cambios sociales y económicos para construir una sociedad más justa. Ecuador era totalmente feudal en ese momento, con un gobierno militar vinculado a la Iglesia Católica y con un pequeño porcentaje de la población sumamente rica».

Reichler consiguió el trabajo, pero los sandinistas desconfiaban de su compromiso. Él apeló a su historia personal, a la cercanía generacional que lo unía a los revolucionarios. Así se ganó de a poco la confianza de todos, incluso se hizo amigo del comandante Daniel Ortega.[68] Tres años después, Reichler convenció a los sandinistas de hacer un juicio contra Estados Unidos en el tribunal internacional de La Haya. Les habló de la «intervención militar», de la «violación de la integridad territorial», y de otras ideas consignadas en la carta de Naciones Unidas. En su país empezaron a llamarlo «el lobista de Nicaragua» y el Senado le inició una investigación.

En 1984, mientras Reichler denunciaba al gobierno de su país, Julio Cortázar publicaba *Nicaragua, tan violentamente dulce,* y como varios escritores latinoamericanos de la época, entre ellos Carlos Fuentes y Gabriel García Márquez, acusaba a Estados Unidos de haber desencadenado una guerra reaccionaria, inhumana e inmoral contra Nicaragua.

En ese libro, Cortázar escribe un capítulo que se llama «Diferentes maneras de matar» y habla del rechazo expreso o tácito por parte de Washington D. C. a todos los intentos de Nicaragua en favor de una negociación clara y limpia. Mientras, en paralelo, el Congreso de Estados Unidos le otorgaba un crédito de veinticinco millones de dólares a la CIA para que llevara adelante sus operaciones «destinadas a desestabilizar el régimen sandinista».[69]

Se puede matar a golpes, a sangre fría, a tiros, sin pestañear, por accidente o con alevosía, de manera vil o atroz. Matar es una de las cosas que vuelve más creativos a los seres humanos. Se mata a quemarropa, impunemente o en masa. Se mata con mentiras, ocultando información y se mata de hambre.

Ese era el mundo entonces. Un lugar en el que las azafatas se peleaban contra las tabacaleras, mientras Nicaragua denunciaba a Estados Unidos. El mundo de la Guerra Fría, del teléfono rojo, que en verdad no era rojo ni era teléfono, sino que era un teletipo de color negro.

En uno de esos días, la esposa de Reichler descubrió un automóvil estacionado frente a la casa. Dos hombres que llenaban el estereotipo de agentes del FBI los observaban de manera intimidante. Entonces, Reichler le sugirió a su esposa que saliera y que los invitara a tomar un café en la casa: «Vamos a demostrarles que no les tenemos miedo». Los hombres no respondieron a la invitación, sólo se fueron. Años después, cuando accedió al expediente que el FBI tenía escrito sobre él, con anotaciones de sus movimientos e impuestos, Reichler supo que tenía razón en sospechar: «Si miro hacia atrás, muchas cosas parecen absurdas. Reagan enfocaba mucha de su atención en Nicaragua, para ellos era un símbolo. No podían hacer nada con Cuba, porque era demasiado fuerte y los riesgos de derrocar a Fidel Castro eran demasiado altos. Nicaragua, en cambio, era un objetivo posible, por eso trataron de pintarla como una amenaza del crecimiento del comunismo en Centroamérica, que eventualmente llegaría a México y finalmente a Texas. Al igual que pasó con Vietnam, Estados Unidos estaba dispuesto a todo para que el comunismo no entrara a su tierra. Esa era la mentalidad de la época».

Cuando Reichler estaba en París, preparando la demanda de Nicaragua contra Estados Unidos, y faltaba una semana para la presentación del caso, la firma de abogados para la que trabajaba le dijo que quería frenar todo. La orden fue dada por teléfono. Reichler quería seguir adelante, pero cortó sin decir nada. Se dio cuenta de que necesitaba pensar. Así que salió ese día a caminar junto a su esposa y hubo una conversación. Los dos sabían que si el juicio de Nicaragua contra Estados Unidos se perdía, era el final de su corta carrera como abogado y, quizás, de la vida que planeaban juntos. Reichler y su esposa llegaron a la conclusión de que las personas no andan por la vida buscando oportunidades para tomar las decisiones morales y éticas correctas. Esas situaciones se presentan y lo que cada uno elige es lo que nos define.

Reichler llegó al hotel y avisó que se iba. Después abrió su propia firma con una compañera. La denuncia contra Estados Unidos siguió adelante. Nicaragua era su único cliente. En junio de 1986, Reichler ganó. Su país fue condenado a pagar una indemnización por las actividades militares y paramilitares en suelo nicaragüense.

Dos décadas después, en medio de un pleito internacional que Uruguay tenía con Argentina en la corte de La Haya, Paul Reichler lideró la defensa de Uruguay en esa disputa por la construcción de una planta de pasta de celulosa sobre las costas del río Uruguay. En ese momento, el Estado uruguayo defendía su soberanía para hacer negocios con una multinacional, mientras su vecino lo acusaba de violar un tratado binacional.

El presidente Tabaré Vázquez había creado un grupo con diferentes especialistas de todos los partidos políticos para que trabajaran en la defensa uruguaya, entre los que estaba Edison González Lapeyre,[70] que por su formación era la persona ideal para evaluar la contratación de Reichler: «El embajador de Uruguay en Washington D. C., Daniel Gianelli, había recomendado que escucháramos a un abogado americano que tenía interés en participar en ese litigio, y como tenía que ver con el estatuto del río Uruguay, y yo fui negociador de ese estatuto, me dieron la tarea de hablar con él para ver si valía la pena contratarlo».

En su carrera profesional, González Lapeyre había negociado acuerdos con figuras destacadas como el presidente argentino, Juan Domingo Perón, a quien conoció en 1973 (también conoció en su vida al papa Juan Pablo II y a Ronald Reagan), pero cuando habla de Reichler dice que este hombre lo deslumbró: «Lo hice pasar a una oficina, le hablé en inglés y me contestó en un español perfecto. Le empecé a preguntar por el estatuto y me impresionó, sabía tanto como yo, y yo sabía bastante. Venía muy bien preparado. Cuando terminamos le dije que lo iba a recomendar y que ojalá hiciera por nosotros lo que hizo por Nicaragua».

El conflicto entre Uruguay y Argentina duró lo mismo que el primer gobierno de Vázquez. La tensión entre ambos países fue creciendo. Sucedieron cosas que, vistas décadas después, parecen insólitas: una asamblea ciudadana se apoderó de la principal frontera terrestre que unía las ciudades de Fray Bentos (Uruguay) y Gualeguaychú (Argentina) y controló el flujo de personas entre países durante años; una bailarina de comparsas entrerrianas irrumpió, exuberante, con sus lentejuelas, en la cuarta Cumbre de la Unión Europea, América Latina y el Caribe, y en sus manos llevaba un cartel que decía «basta de papeleras contaminantes». Para rematar, el presidente uruguayo Tabaré Vázquez le pidió ayuda a Estados Unidos ante lo que consideró una posibilidad de entrar en guerra con Argentina, mientras en Fray Bentos miles de personas se reunían en un teatro al aire libre para respaldar la instalación de la pastera finlandesa con banderas de Uruguay y en defensa de la soberanía nacional.

Seguramente Reichler nunca supo, al igual que la mayoría de la población uruguaya, que Vázquez le había pedido ayuda a George Bush en ese momento, pero el expresidente se encargó de que todos se enteraran en 2011, durante una charla que dio en el Colegio Monte VI, en Montevideo: «Teníamos un conflicto muy serio y un presidente tiene la obligación de plantearse todos los escenarios posibles que se pudieran presentar. No esperar a que el problema surja para ver qué hacemos. Yo me planteé todos los escenarios, desde que no pasara nada y al otro día nos levantáramos con el problema solucionado, hasta que hubiera un conflicto bélico. ¿Qué pasaba con las demostraciones que el Ejército argentino hacía en la frontera? Nunca las habían hecho y las hicieron. ¿Qué hubiera pasado si teníamos un conflicto con Argentina? Me reuní con los tres comandantes en jefe de las Fuerzas Armadas y les planteé este escenario. El comandante de la Fuerza Aérea me dijo "tenemos cinco aviones y combustible para 24 horas". No estoy dramatizando, es la realidad. Fui a Estados Unidos a tratar de mejorar el intercambio comercial entre los países, pero también le pedí a la canciller que dijera que Uruguay era un país amigo y socio de Estados Unidos. Y que le pidiera al presidente que él dijera lo mismo. Así fue».

El ejército de Estados Unidos no fue necesario. El conflicto terminó con la sentencia de La Haya, que González Lapeyre considera un éxito para Uruguay, y dice que Paul Reichler fue fundamental: «Era un líder de un enorme talento, tenía la experiencia que nosotros no teníamos, porque el único abogado con experiencia de litigar en la corte era Eduardo Jiménez de Aréchaga y se había muerto. Se escribieron ríos de tinta, se pagaron millones y millones en abogados y consultas de todo tipo por parte de ambos países, pero la solución de La Haya fue muy sencilla, se basó en un principio que los franceses establecieron: no hay responsabilidad sin perjuicio. Uruguay había violado el estatuto del río Uruguay, debía haberle presentado el proyecto para la construcción de Botnia a Argentina y llevar a cabo el régimen de consulta previsto en el tratado, pero Argentina no pudo probar que la construcción y el funcionamiento de la planta contaminaron el río por encima de los parámetros establecidos, así que no pudo probar el perjuicio».

González Lapeyre cuenta este empate con orgullo, el mismo que siente por su amistad con Reichler, con quien comparte el gusto por el vino tannat: «Es un honor ser su amigo, es un hombre muy familiar, de principios morales muy firmes. Es una de las figuras más distinguidas del Derecho en nuestros días. Es caro, pero como decía la publicidad del televisor Grundig en Argentina: "Caro, pero el mejor"».

El talón de Aquiles

Eduardo se llama igual que su abuelo. Cada tanto, en algún tribunal internacional, alguien se lo recuerda de pasada, con cariño. La última vez fue un juez en medio de una audiencia en París: «Cuando empecé en La Haya, tu abuelo me ayudó».

El estudio de abogados de Eduardo lleva su apellido, que también era el de su abuelo: Jiménez de Aréchaga. Eduardo, el nieto, fue el nexo uruguayo de Foley Hoag en la preparación del juicio contra Philip Morris. Su abuelo, a quien Edison González Lapeyre recordaba, había sido profesor de Derecho Internacional Público y presidente de la Comisión de Derecho Internacional de las Naciones Unidas y del Tribunal Internacional de Justicia de La Haya. Eduardo, el nieto, había conocido a Paul Reichler en las audiencias de la disputa entre Uruguay y Argentina, y en ese momento hicieron buenas migas. Cuando la disputa terminó, acordaron que si había otro caso iban a trabajar juntos, algo que no era extraño de prever por la forma de resolución de conflictos que han tomado las grandes multinacionales con los Estados más pequeños.

El primer caso en el CIADI había sido en 1972, una disputa entre la cadena hotelera Holiday Inn y el Estado de Marruecos.[71] Desde ese momento hasta 1996, solamente se registraron 38 casos más e incluso en algunos años no se hicieron demandas. Las cosas cambiaron a partir de la crisis económica en la región de las Américas. En 2003 se presentaron 31 casos y desde entonces la tendencia al aumento nunca se detuvo. Esos números de principios de siglo ahora se han duplicado.

El 2 mayo de 2011, el día que Estados Unidos le mostraba al mundo cómo mataba a Osama Bin Laden, los abogados de Foley Hoag viajaron a Uruguay para reunirse con el gobierno de Mujica. «Gerónimo EKIA». «Enemy Killed In Action», o «Enemigo Muerto En Acción»: esas fueron las palabras que confirmaron la muerte. Gerónimo era el nombre en clave de la operación, el mismo que llevaba el último cacique de las tribus apaches del siglo XIX, que había luchado contra la conquista del oeste de América del Norte. La elección del nombre fue criticada por los nativos estadounidenses, pero eso no importaba. Estados Unidos había matado a Osama Bin Laden. Años de trabajos de inteligencia y cuarenta minutos de operación. Muerto el vigésimo séptimo hijo de una familia de cincuenta hermanos y hermanas nacido en Riyadh, la capital de Arabia Saudita, en 1957. Muerto el hijo de Muhammad bin Awad bin Laden, un hombre de negocios que también había muerto, pero en un accidente de avión. Todos sus hijos heredaron sus millones. En ese momento, Osama tenía 12 años. Muerto el hombre que se había sumado a la resistencia de Afganistán cuando los rusos invadieron ese país y él recién había terminado su carrera universitaria. Muerto el hombre que en 1986 hizo su propio campo de entrenamiento para soldados y que en 1991 cortó los lazos con el gobierno saudí cuando Irak invadió Kuwait. Muerto el que había realizado una declaración de guerra desde Tora Bora contra la ocupación de Estados Unidos en 1996. El Bin Laden que Bush dijo que quería vivo o muerto en 2001, mientras Bloomberg se convertía en alcalde de Nueva York, ahora estaba muerto en Pakistán y el presidente Barack Obama, premiado con el Nóbel de la Paz dos años antes, escuchaba las palabras «Gerónimo EKIA». Las imágenes del muerto fueron filmadas por los militares y se hicieron virales, pero la guerra en Afganistán siguió hasta 2014, con estimaciones de costos por encima de los quinientos mil millones de dólares.

Cuando salieron del avión, Reichler, Martin y Brillembourg se enteraron de la noticia. Los abogados estadounidenses estaban en Uruguay para coordinar los primeros pasos de la estrategia de defensa. El juicio se iba a partir en dos. Uruguay iba a plantear que Philip Morris no tenía derecho a reclamar ante el CIADI porque antes había presentado sus reclamos en tribunales nacionales y luego no había cumplido con los plazos establecidos por el tratado para iniciar la demanda a nivel internacional. Era una discusión técnica, sobre la base del procedimiento, pero si el Estado uruguayo ganaba esta disputa, el juicio se terminaba. Si los árbitros le daban la razón, no se iban a discutir los reclamos de fondo de la empresa por la Presentación Única y por el tamaño de las advertencias en las cajas.

Eduardo Jiménez de Aréchaga cuenta que esto normalmente no se hace así, que lo común es discutir todo en una sola instancia, pero en este caso a ambos les servía extender el tiempo de la disputa con la división. A Philip Morris le convenía, porque hasta ese momento algunos países habían congelado el avance de sus medidas antitabaco a la espera del resultado del juicio, y sin nuevas medidas el negocio seguía tal cual estaba. Por otro lado, el gobierno uruguayo también había realizado sus cálculos de tiempos electorales y quería evitar que la sentencia estuviera cerca del año de campaña.

Las audiencias por jurisdicción eran el primer encuentro cara a cara entre las partes. Iba a ser en octubre de 2012, en la Cámara de Comercio Internacional en París, pero Reichler se rompió el talón jugando al sóftbol. Las partes acordaron posponer esa instancia, algo que es común y que se hace por delicadeza si los árbitros lo aceptan, y cuando finalmente se llevaron adelante a Uruguay no le fue bien. Philip Morris probó en esas audiencias que había cumplido con los requisitos jurisdiccionales establecidos en el Convenio del CIADI y en el tratado bilateral de inversiones entre Suiza y Uruguay. La discusión se dio sobre la base de condiciones aceptadas por las partes en la firma de los acuerdos previos, que tenían como último recurso el arbitraje internacional si la diferencia no se resolvía a nivel interno.

En julio de 2013, el Tribunal resolvió que sí tenía jurisdicción sobre la controversia. Jiménez de Aréchaga dice que Gary Born, el árbitro elegido por Philip Morris, fue muy hábil en esas audiencias sobre jurisdicción: «Con sus preguntas trataba de ayudar a la empresa y entreveró el argumento. Creo que tendríamos que haber ganado, pero los jueces querían ir al fondo del asunto. Nosotros habíamos investigado, habíamos visto que Philip Morris había recorrido, primero, la jurisdicción interna para reclamar, y si vos elegías la jurisdicción interna no podías ir por el camino internacional. Pensábamos que teníamos fuerza al presentar el caso así y queríamos hacerles pisar el palito, pero nos salió mal. Es cierto que el tema de fondo de la política antitabaco era un caso interesante, porque no era una reparación de daño por una ruta expropiada o una planta de electricidad, que son cosas que suceden y es el pan y manteca de los juicios arbitrales».

Reichler tenía otra mirada sobre la disputa por jurisdicción. Él creía que el tiempo les daba una ventaja, porque si se alargaba el juicio, el mundo iba a acomodarse a Uruguay y cuando los jueces tuvieran que resolver, ellos no iban a estar tan solos, ya que otros países como Australia, Inglaterra y Francia, que tenían disputas internas con las tabacaleras, se iban a colocar en la misma línea.

Sin embargo, el golpe trajo un manto de duda. Las estadísticas mostraban que los demandantes como Philip Morris ganaban total o parcialmente (48%) en la mitad de los casos en el CIADI y, en la otra mitad, los demandados ganaban porque el tribunal les daba la razón (29%) o el conflicto de fondo no se resolvía, ya que se consideraba que no existía jurisdicción para presentar el reclamo (21%). En este caso, con la disputa sobre jurisdicción resuelta en favor de Philip Morris, las posibilidades de ganar para la empresa habían aumentado y, ante este nuevo panorama, las intenciones de negociar del entorno de Mujica eran miradas con algo de nostalgia. La primera derrota significaba una mayor probabilidad de perder, con más costos y riesgos para Uruguay.

Eduardo Bianco recibió un aviso de Campaign for Tobacco-Free Kids: le dijeron que los uruguayos ya no les atendían más el teléfono a los abogados estadounidenses y que, al mismo tiempo, el embajador uruguayo en Estados Unidos, Daniel Gianelli, le había solicitado al gobierno que evaluara si continuaba con Foley Hoag. El mismo Gianelli que había abierto la puerta para que Reichler los defendiera en el juicio con Argentina, ahora dudaba acerca de si el abogado debía seguir.

Bianco había conocido a Gianelli en Washington D. C., en una reunión con Tabaré Vázquez a principios de 2010, donde hablaron de la noticia del juicio. Desde entonces se pedían contactos, se preguntaban cosas. Bianco le contó a Gianelli que había sido notificado de lo que pasaba por Campaign for Tobacco-Free Kids y quedaron en encontrarse en Montevideo para conversar del asunto. La reunión fue en el Expreso Pocitos, un café cercano a la rambla montevideana. Bianco dice que ese día con Gianelli llegaron a la conclusión de que el prosecretario Diego Cánepa no podía seguir al frente del caso. Cánepa era un eufemismo, los dos hablaban de Mujica. Gianelli decía que Vázquez, que se perfilaba como candidato para buscar la reelección de la presidencia, tenía intenciones de estar al frente. De ese encuentro, ambos salieron con una tarea para ayudar a tejer los cambios. Bianco habló con sus contactos en Estados Unidos para que el gobierno volviera a atender el teléfono. Gianelli habló con Vázquez y, entonces, apareció Miguel Ángel Toma.

Todos los caminos conducen a Toma

Dicen que a Miguel Ángel Toma lo llaman «el monje». Algunos, con malicia en sus palabras, le dicen «el monje gris» porque sabe sobrevivir en el ambiente del poder. Otros usan el adjetivo con admiración. Toma deja correr los rumores, aprovecha el misterio, no se muestra. Como los monjes, que dedican su vida a servir a los demás en silencio. Toma no quiso hablar públicamente sobre su participación en el juicio contra Philip Morris, como tampoco quiso Diego Cánepa. Pero todos, incluso Cánepa, dicen que para conocer la historia hay que llegar a Toma.

Toma tiene un pequeño estudio en la Ciudad Vieja, cerca de la Puerta de la Ciudadela, un monumento histórico que en otro tiempo fue parte de la gran fortaleza que los españoles tuvieron en Montevideo. Primero aceptó conversar dos veces de manera informal sobre el arbitraje y luego se comprometió para una entrevista que, finalmente, rechazó sin dar explicaciones. Toma tiene una sola pintura en las paredes de la sala de reuniones de su estudio, donde más de seis personas serían una multitud. Es un cuadro del pintor Enrique Medina, hiperrealista, similar al que María Julia Muñoz tiene en su living, con escenas de interiores donde la luz juega un papel preponderante. Un salón en penumbras, sin personas ni colores, sólo cuatro sillas, dos botellas y dos vasos que brillan sobre una mesa. Toma se mueve en su trabajo como si fuera parte de ese cuadro. Va de la oscuridad a la luz y de la luz a la oscuridad.

María Julia Muñoz, que fue ministra de Educación y Cultura durante la segunda presidencia de Tabaré Vázquez, dice que siempre recurrió a Toma cuando las cosas se pusieron difíciles: «Es un abogado brillante, conoce toda la legislación y tiene una capacidad y metodología de trabajo excelentes. Podría ser un grado diez, porque conoce a todos los grado cinco del país. Cuando las cosas se complican, mi primera llamada siempre es a Miguel. Todos tienen muy buena opinión de él. Siempre dijo que no era político y es así, es un técnico fantástico, por lo que sabe, y aplica sus conocimientos a lo que entiende que son causas justas. Yo los lunes me quedaba después del consejo de ministros para hablar con él. No era la única, varios lo tironeábamos. Toma es fundamental para los políticos porque los resguarda. Todos recurren a él para no pisar en falso».

Miguel Toma ingresó al Estado como abogado del Ministerio de Salud Pública en 1981. También fue abogado de la Comisión Honoraria de Lucha Contra el Cáncer, creada en octubre de 1989. En la mesa de su sala de reuniones sólo hay un almanaque que dice «Cuidemos el aire que respiramos todos. No encender cigarrillos, vapeadores ni otros dispositivos. Todos dañan la salud». En las paredes, junto a las penumbras de Medina, también hay fotos. En una de ellas Toma habla desde un estrado que parece de Naciones Unidas, tiene bigotes, unos bigotes que ya no lleva. Al lado se lucen, como si fueran títulos profesionales, las resoluciones de cuando Tabaré Vázquez lo designó al frente de la Oficina Nacional del Servicio Civil y de cuando lo nombró secretario de Presidencia.

Supongamos que Toma se mueve en la oscuridad.

En 2020, el presidente Luis Lacalle Pou, opositor y sucesor de Vázquez, apartó a Toma de su cargo como funcionario público y le inició un sumario administrativo por presuntas irregularidades cometidas en viajes oficiales. En ese momento, Toma y una contadora de la secretaría antilavado habían sido vistos en el estadio Olímpico de Roma, en una imagen que fue transmitida por la cadena internacional de deportes ESPN. El jefe de la funcionaria, Daniel Espinosa, declaró que su dependencia no tenía nada que ver con ese viaje. Una casualidad, una supuesta captura in fraganti en un resumen de un partido por la Copa Italia, pescado como el monje que quiso entrar con los cigarrillos a Bután. En esos tres segundos, en un estadio para setenta mil personas, vestido como un hincha, con un gorro y una bufanda del equipo local, Toma quedó expuesto como nunca. El diario *El País* lo consultó por estos hechos y él dijo que no podía hacer declaraciones porque había una investigación en curso. El periodista le preguntó si tenía «un vínculo afectivo» con la contadora. Toma respondió: «Esa es una pregunta ofensiva. Realmente me ofende que me haga esa pregunta. Así que gracias, hasta luego».

Toma había sido cuestionado antes, otras veces, por integrantes del gobierno de Vázquez. No todos lo querían como Muñoz, pero nadie se animaba a enfrentarlo públicamente, lo que se decía era *sottovoce*. Toma nunca dijo nada de estos temas. Pero supongamos que si alguien le preguntara, seguramente, diría que no se deben responder las acusaciones públicamente, que lo único importante es lo que piensan la familia y los amigos. Si la ofensa es grande, entonces las cosas se resuelven en el juzgado. Con el resto, sólo hay que tener memoria.

Supongamos que Toma se mueve en la luz.

Toma no estaba en una escapada romántica con la contadora, había viajado a Roma por un juicio sobre derechos humanos. Un juicio que terminó con la condena a cadena perpetua de veinticuatro jerarcas y militares por la desaparición de italianos en el marco del Plan Cóndor en América Latina. La sentencia alcanzó a doce militares uruguayos y al excanciller Juan Carlos Blanco, responsables de un plan sistemático de desaparición de personas, llevado adelante de manera coordinada por las dictaduras de la región.

Supongamos ahora que un día Toma se volvió la voz de Vázquez en la preparación del juicio.

Toma hace un informe donde dice que es un error la estrategia que lleva adelante Uruguay. Dice que nunca debieron ir por la discusión de jurisdicción, se pelea con Luis Almagro, el canciller de Mujica, y le envía un informe donde justifica su planteo. Toma le dice a Tabaré Vázquez que es necesario cambiar de estrategia. Mujica se entera de todo. Después convoca a una reunión con los abogados de Foley Hoag y sus hombres en el gabinete. Toma es invitado a último momento. Sale apurado, va de calzado deportivo y sin la cédula de identidad. Estaba cerca, en su estudio, a dos cuadras. Cuando llega a la Torre Ejecutiva no lo dejan entrar. Toma se va, pero en la esquina alguien lo detiene en nombre del presidente. Toma vuelve, finalmente, llega y se sienta en una silla, apartado del resto. Toma es un personaje de la película *La fiesta inolvidable*.[72] Se siente como Peter Sellers, el invitado por error a un encuentro en el que se volvería protagonista. Todos hablan hasta que Mujica dice que quiere escuchar a Toma. Un abogado socio de Foley Hoag se ríe porque piensa que es una broma. Toma les dice que si siguen así van a perder, que están equivocados. Ahora todos hacen silencio. Toma explica el contenido de su informe de noventa páginas, que en resumen decía que debían enfocarse en los temas de salud, en la defensa de la vida, y dejar de lado lo demás. Paul Reichler dice que está bien lo que explica ese señor. Nadie conoce a Toma, pero al parecer todos le dan la razón, Cánepa incluido. El panorama parece grave, o eso piensa Toma. Reichler le dice a Mujica que está dispuesto a quedarse una semana más en Uruguay si ese hombre trabaja con ellos. Toma les aclara que él es la voz de Tabaré Vázquez. Algo cambia ese día.

La supuesta historia sigue. Toma empieza a hacerse cargo de la estrategia del juicio contra Philip Morris y años después, en el segundo día de audiencias en Washington D. C., dice que Uruguay va a ganar. Llama por teléfono a Tabaré Vázquez para decírselo, pero el presidente le responde que es muy prematuro pensar eso. En el último día de las audiencias, el vicepresidente de Philip Morris le hace saber a Toma, a través de Reichler, que la tabacalera ofrecía terminar el juicio sin resolución, que podían hacer un acuerdo en que ellos se harían cargo de todos los gastos. Reichler le pide a Toma que hable con Tabaré Vázquez, porque le parece una buena propuesta. Toma no llama al presidente porque cree que no hay nada que consultar. Reichler le contesta que él no podía tomarse esa atribución, pero Toma retruca y dice que está actuando como el presidente quiere, que no necesitaba consultarle eso. Vázquez se entera de todo al otro día. Le dice a Toma que estuvo perfecto, que no había que negociar con el diablo porque seguro mete la cola.
La supuesta historia termina en 2016, cuando se conoce el resultado del juicio. Toma le comunica la noticia a Vázquez, que en ese momento duerme una siesta en su casa. Toma pide que lo despierten y le

dice al presidente: «Ganamos». Vázquez le pregunta si él ya sabía. Toma responde: «Lo sé desde el segundo día de las audiencias».

El hiperrealismo es el intento de hacer que lo real parezca más real. Uno entiende eso cuando mira un cuadro de Medina, como el que tiene Toma en su oficina. Algo de toda esa historia es cierto. Toma se hizo cargo de la estrategia de Uruguay y en el último día de las audiencias Philip Morris les propuso a los abogados de Foley Hoag un acuerdo que el gobierno uruguayo no aceptó, Clara Brillembourg lo reconoce. El resto es un cuento del que nadie se hace cargo.

La versión oficial dice que, cuando se conoció el resultado del juicio, la Presidencia de la República le informó a la población que el «estudio de abogados que defendió a Uruguay felicitó al Presidente Vázquez» y que «la defensa exitosa de Uruguay contra las impugnaciones opuestas por Philip Morris Internacional estuvo dirigida por Miguel Toma, secretario de la Presidencia, y Daniel Gianelli, el Embajador de Uruguay ante los Estados Unidos de América».[73] En todo el texto no hay mención a otros integrantes de la delegación uruguaya, ni de parte, ni expertos.

La vida pública de Toma está llena de silencios prolongados e incluso inquietantes. Si su nombre aparece es porque alguien lo escribe, lo dice o lo propone misteriosamente.

En mayo de 2019, la OPS y la OMS entregaron el Premio del Día Mundial Sin Tabaco, un reconocimiento a las personas que realizaron «aportes notables» en el mundo para impulsar la lucha contra el tabaquismo. Entre los seis ganadores había una uruguaya: la doctora Ana Lorenzo, que en ese momento presidía la Sociedad Uruguaya de Tabacología y ni siquiera sabía que estaba nominada. Su nombre había sido propuesto por algunos integrantes de las organizaciones de la sociedad civil, entre ellos, su compañero de muchas batallas, Winston Abascal. Lorenzo fue honrada por «su larga trayectoria de trabajo relacionado con la formulación de leyes sobre el control estricto del tabaco tanto dentro como fuera de su país, en particular las destinadas a contrarrestar la interferencia de la industria tabacalera».

Sin embargo, Ana Lorenzo nunca fue felicitada ni reconocida por el Estado uruguayo cuando ganó. Ella había competido (sin saberlo) por este reconocimiento con otro compatriota, porque el gobierno, al mismo tiempo, había presentado el nombre de Miguel Ángel Toma para recibir el Premio del Día Mundial Sin Tabaco. La presencia de Toma sorprendió a la OMS y a los compañeros de Lorenzo. Era una rareza que un país tuviera a dos candidatos en el mismo año. Abascal lo cuenta, después hace silencio, y dice: «Nosotros siempre hemos sido muy leales, hemos trabajado mucho más de lo que debíamos y hemos protegido al Estado uruguayo de muchas cosas».

Amigas de la corte

La OMS es un organismo político, es la jerarquía de la salud en el mundo,[74] pero Uruguay no había conseguido su apoyo en el conflicto contra la tabacalera. Era un silencio tenso. Eduardo Bianco dice que conoce la razón, se la contaron los asesores legales de la OMS en Ginebra, en una de las reuniones que tuvo por aquel tiempo. A Bianco le plantearon que no iban a meterse en el juicio porque Uruguay y Suiza eran dos Estados parte, entonces, no podían intervenir. La OMS es muy celosa de su neutralidad. Bianco les respondió que los estaban dejando solos.

Otros, como Adriana Blanco, siempre discuten esta parte de la historia con Bianco. Según Blanco, Uruguay no estaba solo porque la Organización Panamericana de la Salud (OPS) estaba decidida a apoyar: «Eduardo dice que todos los dejaron solos. Yo siempre le digo que no, que la asesora legal de OPS les dijo enseguida que tenían que discutirlo, y cuando la OMS les decía que no, la OPS les decía que sí».

La OMS y la OPS parecen parte de lo mismo, pero no lo son. La OPS fue creada en 1902 como parte de una reacción latinoamericana a la fiebre amarilla[75] que había azotado a la región en 1870. Una epidemia que comenzó por Brasil, Paraguay, Uruguay y Argentina, y que en ocho años llegó hasta Estados Unidos, donde provocó más de 20.000 muertes, y produjo daños económicos en todos los países. Los gobernantes entendieron que debían hacer algo y se reunieron en 1890 en la Primera Conferencia Internacional Americana en Washington D. C. Once crónicas llenas de advertencias políticas, escritas por el cubano José Martí y publicadas en *La Nación* de Buenos Aires, fueron leídas en esa reunión para reflexionar sobre la importancia de impulsar el panamericanismo. Esa fue la semilla de la OPS, que tiene actualmente a Estados Unidos, Brasil y México como principales donantes.

Blanco empezó a trabajar para organismos internacionales en la OPS. Ella es uruguaya como Bianco y se convirtió, en términos burocráticos, en la líder mundial de la causa contra el tabaco, ya que desde el año 2020 ocupa el cargo de jefa de la Secretaría del Convenio Marco de la OMS.[76] Blanco dice que su camino se explica con trabajo y suerte: «Hay gente que ha hecho más que yo en este tema y no ha tenido la oportunidad que se me dio a mí. El trabajo que hice en Uruguay me hizo conocida a nivel internacional, en actividades de OPS y de OMS. Así me gané la confianza de la gente. Uruguay no es un país con tanto poder como para que sea interesante contar con una uruguaya en este lugar».

Finalmente, la OMS cambió su postura y respaldó a Uruguay unos meses antes del inicio de las audiencias[77] mediante una solicitud *amicus curiae*.[78] Philip Morris se opuso, pero el tribunal rechazó este pedido en vista del interés público que implicaba el caso para el mundo, ya que consideraba que aceptar la opinión de la OMS iba a sustentar la transparencia del procedimiento.

El tribunal cita en su laudo parte del escrito presentado por la OMS, donde se defiende la potestad del Estado uruguayo de implementar regulaciones que se consideran un «medio eficaz de protección de la salud pública para evitar el engaño a los consumidores».[79]

Blanco cree que la OMS cambió de opinión porque internamente se dio cuenta de que si Uruguay perdía, el mundo iba a recibir la señal de que la industria podía forzar a un Estado a retroceder en sus medidas domésticas: «Si hay una cosa importante de este juicio, es dejar en claro la soberanía que tienen los países para defender la salud pública. Con este litigio quedó claro que no tienen que probar que una medida sirve para ser aplicada, porque la industria siempre argumenta que eso no se sabe y pide a los gobiernos que lo demuestren. Y este caso dice que sólo alcanza con que la medida no sea discriminatoria, que sea razonable y que esté de acuerdo con lo que se intenta lograr».

El 6 de marzo de 2015, la OPS presentó una solicitud similar y el tribunal también la aceptó. En este caso, Blanco redactó parte de ese documento, donde la OPS se posiciona estratégicamente en un terreno diferente, con un texto centrado en mostrar cómo la industria «operaba y mentía» para interferir en las políticas de los países.[80]

Blanco dice que redactar ese informe fue la mayor responsabilidad de su vida: «Junté información de las fuentes más importantes y los abogados terminaron el informe. A mí me ayudaba el conocimiento que tenía en el país, pero no podía decirlo porque tenía que ser imparcial. Aunque yo sabía que con ese informe no estaba haciendo sólo algo bueno para la salud pública, sino que también era para mi país, con esa frustración que yo sentía de no estar en Uruguay, porque me hubiera gustado estar ahí para salir a defender la política antitabaco con mi cara. Esto era lo que sentía, pero la verdad es que en ese tiempo no tuve contacto con la gente de Uruguay, no sabía cómo iban las cosas. Lo que salió de OPS fue neutral y justo, fue un aporte desde la ciencia».

Para contrarrestar el impacto que podían tener los escritos de la OMS y la OPS, hubo dos entidades que presentaron solicitudes similares de apoyo a Philip Morris: la Fundación Avaaz y la Asociación Interamericana de la Propiedad Intelectual. Uruguay pidió que esos escritos no fueran considerados, porque en ambos casos estaba la industria tabacalera escondida tras una fachada. El tribunal le dio la razón.

Blanco recuerda que hizo su informe con mucho dolor, porque no creía que Uruguay fuera a ganar el juicio: «Fue aterrorizante. ¿Cuándo el mundo ha sido justo? ¿Cuándo el chiquito le gana al grandote? Cuando hay plata de por medio, siempre gana el que tiene más plata. Nadie dudaba en que Uruguay tenía razón. Pero de ahí a ganar el juicio había una gran distancia».

Querrá decir Uruguay

Faltaban diez meses para las audiencias finales en Washington D. C. Habían pasado casi cinco años desde el comienzo del juicio y ya eran parte del pasado las diferencias internas en la postura del gobierno, la derrota por jurisdicción, y los cambios de nombres y de estrategia en la defensa.

Ahora Pedro Picapiedra y Pablo Mármol fuman en la pantalla. Después lo hace el icónico *cowboy* de Marlboro y a continuación un niño obeso suelta el humo de su cigarrillo en Indonesia. Las imágenes van y vienen. El comediante John Oliver hace chistes en *Last Week Tonight*.[81] En la pantalla se ve a Joseph Cullman, ex director ejecutivo de Philip Morris, diciendo que «algunas mujeres preferirían tener bebés más pequeños», mientras responde a una pregunta sobre los efectos del tabaco en las embarazadas.

Oliver deja de hacer chistes, pero no abandona su gracia. Desde su escritorio cuenta que los países que trataron de controlar la influencia de la publicidad de las tabacaleras han sido demandados. Oliver muestra una noticia de la cadena Bloomberg y después un mapa de Sudamérica de color verde esmeralda, donde sólo

Paraguay está pintado de amarillo. En la pantalla se lee «Uruguay». Oliver le dice a su público: «Es un país en el que se piensa tan poco que ni siquiera notaron que ese no es Uruguay».

Oliver le cuenta a su audiencia lo que en Uruguay se sabe desde hace cinco años: Philip Morris demandó al país en un tribunal internacional y los costos legales son tan altos para el Estado que tuvo que pedirle quinientos mil dólares a Michael Bloomberg para pagar a los abogados.

Es el final del programa. En la pantalla aparece un dibujo animado. Es «Jeff, el pulmón enfermo»,[82] en uno de los carteles de parada de ómnibus de Montevideo en Pocitos, cerca del Expreso donde Gianelli y Bianco se reunieron para hablar de Cánepa, de Toma, de la estrategia uruguaya. Oliver dice «esto es en Montevideo ahora» y dos personas se saludan al lado de la imagen de Jeff, que lleva un sombrero de *cowboy*, botas tejanas rojas y un cigarrillo en la boca. Oliver baila con Jeff en el piso del estudio, mientras le ofrece gratis a Philip Morris los servicios del personaje para sus campañas publicitarias.

Nada de lo que pasó ese día fue una casualidad. Los contactos entre Bianco y Gianelli se habían intensificado en el año previo a las audiencias, y desde Estados Unidos (tanto el embajador de Uruguay como las organizaciones no gubernamentales antitabaco) le explicaron a Bianco que se necesitaba una presencia mayor del tema, algo a escala global. Así fue como empezaron a aparecer algunas notas en la prensa internacional y este informe de John Oliver[83] fue sin dudas el paso más importante. Bianco dice que llegaron al programa a través de Campaign for Tobacco-Free Kids, la organización de Bloomberg, y que a él lo contactaron para colaborar con información para la producción, para que no se apartara de la realidad uruguaya.

La respuesta de Philip Morris al programa de Oliver no se hizo esperar demasiado. La empresa publicó un comunicado donde dijo que *Last Week Tonight with John Oliver* era un programa de parodia, «conocido por hacer reír a través de la exageración y presentar puntos de vista parciales en nombre del humor».[84]

Philip Morris también hablaba del juicio y decía que no pretendía revocar las regulaciones aplicadas por el gobierno uruguayo cuando, sin embargo, era lo que había pedido. En su defensa, aducía que el segmento tenía muchas caracterizaciones erróneas, y que si bien reconocían que la industria tabacalera era «un blanco fácil» para los comediantes, ellos se tomaban en serio la responsabilidad que venía con la venta de un producto que era «una elección de adultos», a pesar de ser «perjudicial para la salud».

Soy Una Novedad

El uruguayo Carlos Caggiani inventó el SUN en 1962.[85] El artefacto consistía en un cable con un tomacorriente en un extremo y en el otro una resistencia de cromo níquel, recubierta por un pequeño cilindro de cerámica, que funcionaba como aislante, envuelto dentro de una cápsula de plástico. Caggiani patentó su creación en 1963 y al año siguiente vendió la patente. En realidad, él quería ponerle SUN, como «sol» en inglés, pero la marca ya estaba registrada. Por eso SUN es un acrónimo derivado de «Soy Una Novedad», aunque muchos uruguayos también lo llamaron ZOOM o SUM.

La idea del SUN se le ocurrió a Caggiani cuando tenía veintidós años: «Fui a hacer unos trámites para mi padre en la Caja de Jubilaciones y vi a un montón de empleados rodeando una caldera que estaba encima de una plancha caliente y echaba humo por todos lados. Sin duda, calentaban agua para tomar mate o para tomar algún té. Como la fila era larga, me dio tiempo para pensar en una mejor manera de calentar agua rápido y sin tanto problema».

A Winston Abascal lo acusaron de algo parecido. Abascal era el responsable de otro invento uruguayo que no se utiliza en ninguna otra parte del mundo. La idea no se le había ocurrido mientras observaba a un grupo de empleados públicos, pero el momento eureka era similar, según contó uno de los testigos de Philip Morris, el abogado Nicolás Herrera, socio principal de Guyer y Regules, que también era el estudio de la tabacalera en Uruguay.

Herrera no declaró como experto en las audiencias. El abogado fue testigo de parte, porque había escuchado a Abascal decir que un día, mientras esperaba para comprar algo en un kiosco, vio a una persona pedir una caja de Marlboro Light y el kiosquero le dio un paquete de Marlboro Gold sin decir nada, a pesar de que unos años antes el gobierno había prohibido el uso del término *light*.[86] Según Herrera, Abascal les explicó que gracias a ese episodio había entendido que los *light* todavía se vendían de forma encubierta y por eso el gobierno iba a limitar el uso de los colores en las cajas. Unos meses después, sucedió lo que el funcionario les había anunciado: Uruguay aprobó una normativa que se llamó Requisito de la Presentación Única[87] y sus disposiciones hicieron que Philip Morris se viera obligado a elegir uno de todos sus Marlboro. Los dorados, azules y verdes fueron retirados del mercado. Sólo quedaron los rojos, los que fumaba el Hombre Marlboro.

En el juicio, Philip Morris pidió la impugnación de la Presentación Única por tres motivos: se había adoptado sin pruebas científicas de su efectividad; no cumplía con el procedimiento administrativo del ministerio, que requería la formación de un expediente con las opiniones técnicas correspondientes; y, finalmente, la compañía argumentaba que Uruguay no podía probar que la medida hubiera reducido el consumo de cigarrillos.

Herrera no quiere hablar del tema años después, pero Abascal sí y dice que puede explicar lo que argumentó en las audiencias: «Cuando se empezó a relacionar el consumo de tabaco con el cáncer de pulmón, como respuesta, en los setenta la industria estableció una nueva estrategia y apareció el término *light*. Era el mismo cigarrillo con filtro, que en la unión con el tabaco tenía una doble corona con orificios, y eso hacía que cuando la persona aspiraba, el contenido del tabaco se diluyera y se sintiera más suave. Por eso las máquinas que medían los contenidos de nicotina y alquitrán registraron una cantidad menor, porque el contenido estaba más diluido en aire. Pero a la persona le llegaba la misma cantidad por un mecanismo de compensación, porque fumaba más cantidad de cigarrillos o porque ponía el cigarro en su boca de una forma tal que se evitaba el efecto del filtro».

Abascal se apasiona mientras vuelve a contar su historia. Explica que las personas que fuman lo hacen por una dosis y que, si no la obtienen, entonces fuman lo necesario para conseguirla. El médico dice que la consecuencia de los cigarrillos *light* en la salud fue que cambiaron los tipos de cáncer, que antes eran centrales y con el cambio pasaron a ser periféricos. Igualmente, los *light* fueron recomendados por algunos médicos durante décadas como cigarrillos menos dañinos y recién a comienzos del siglo XXI algunos países empezaron a prohibir el uso del término.

Abascal dice que entender esto no fue fácil porque ellos no habían estudiado marketing, y ahora cuenta su versión de lo que pasó en esa reunión con Herrera: «Un día nos dimos cuenta de que el *light* era la cajita dorada, el *light* pasó a llamarse Gold. Pero todos sabían que ese era el *light*. Hubo una reunión en el Ministerio de Salud Pública con los representantes de la industria y ellos se quejaron porque les dijimos que estaban engañando a la población. Yo les dije "si voy al supermercado con ustedes y pido el *light* me van a dar el Gold; la cajera del supermercado lo sabe". Ahí empezó una discusión. Les dije "ustedes tienen que tener cuidado, porque venden una sustancia que enferma y mata a la gente, así que tienen que venir acá, al Ministerio de Salud Pública, con mucha humildad a decir las cosas. Nosotros los vamos a respetar, pero tengan cuidado, fíjense dónde están". Cada vez que les prohíben algo, ustedes lo cambian, hacen el juego de la mosqueta. Van a poder quedarse con uno, el que quieran, pero sólo uno».

Los uruguayos clamaron en el juicio que no se había tratado de algo espontáneo, aunque los abogados sabían que la explicación de Abascal no era prueba suficiente para justificar la medida. Necesitaban un expediente administrativo que estaba en el Ministerio de Salud Pública, querían probar que el gobierno había recorrido todos los pasos formales para la aprobación de la ordenanza. Esa era la manera de demostrar que la Presentación Única no era una idea suelta de Abascal, pero cuando fueron a buscarlo, había desaparecido. Sin ese expediente, el argumento de la empresa era muy difícil de rebatir.

Así que Ana Lorenzo, junto con dos abogados de Foley Hoag, asumieron la tarea de encontrarlo. Sofocados por el calor de Montevideo, después de una larga búsqueda infructuosa se fueron a la División de Archivo del ministerio. Era el último lugar que les quedaba para buscar. Se suponía que el expediente había pasado por la comisión asesora, después se había elevado a la Dirección General de la Salud y de ahí a Jurídica. Todo estaba registrado. Sin embargo, no estaba. Los funcionarios encargados del archivo les dejaron las llaves del lugar. Estaban solos en el ministerio, con un ventilador enfrente que tiraba aire caliente, sin hora para terminar el trabajo. Tema por tema. Libro por libro. Recorrieron una y otra vez todo el sector vinculado al tabaco. No había nada. Entonces agarraron todas las carpetas. Buscaron hoja por hoja, en cada una de las carpetas. Miles de hojas. Ahí estaba. Adosado a otro que no tenía nada que ver con el tema. Lorenzo no tiene una explicación para lo que sucedió. No puede decir si sólo se trató de un error o si alguien, por alguna razón, lo había puesto ahí: «En Philip Morris estaban convencidos de que no teníamos ese expediente, no deberíamos haberlo encontrado jamás».

El expediente referido a este invento uruguayo fue citado en el juicio. Según los registros, cuando se llevó a cabo la reunión entre Abascal y Herrera, el 8 de julio de 2008 en el Ministerio de Salud Pública, no existían antecedentes de la Presentación Única. En ese momento, las autoridades entendían que Uruguay no estaba listo para adoptar el empaquetado plano (cajas sin marca ni color), que era la medida estándar propuesta por el Convenio

Marco. Así que a solicitud del director de Salud, Jorge Basso, la Comisión Asesora dirigida por Abascal hizo una propuesta alternativa. El primer borrador de la ordenanza se agregó veinte días después de esa reunión entre Herrera y las autoridades. El artículo tercero[88] de ese texto se refiere por primera vez a la Presentación Única. El expediente que lo contiene recorrió luego el camino administrativo que sigue cualquier otra norma de salud pública hasta su aprobación.

Abascal escucha a Lorenzo contar la anécdota de cómo encontraron este expediente y, cuando ella termina de hablar, decide hacer un comentario más: «En el juicio, las partes tienen que hacer un descubrimiento de la información de la otra parte. Esto quiere decir que pueden ver los documentos de los otros. Todo ese material es confidencial, porque la industria es muy celosa de que se haga público. En esos documentos había, por ejemplo, intercambios entre los principales directores de Philip Morris. Nosotros, así, nos enteramos de las cosas que decían sobre la Presentación Única. Hubo un estado de alarma total, mundial, decían que había que pelear como fuera, decían que no podían permitir que se avanzara en esa dirección, que había que parar a Uruguay».

Viveza criolla

Diego Cibils se preguntaba hasta dónde iba a llegar esto. Imaginaba su nombre en la prensa. Creía que alguien iba a aparecer en su oficina con una pancarta que dijera «vendido». Tras un tiempo de vacilaciones, se subió a un avión y viajó dispuesto a participar como testigo por Philip Morris. Lo hizo a pesar de que algunos pudieran pensar que iba a mostrar su apoyo por «el mal», y no se arrepiente de su decisión. Habla convencido, orgulloso de sus declaraciones escritas y verbales: «Todo fue genuino, era lo que pensaba. Si hubiera perdido Uruguay y hubiera tenido que pagar, no sentiría culpa, porque lo que hacíamos era justo».

Los abogados de la empresa le habían pedido tres cosas: que mantuviera la calma, que no dudara y que no se olvidara de lo que había declarado por escrito. Él llegó a Washington D. C. preparado para una «guerra intelectual y dialéctica». Cuando fue a declarar, en la sede del Banco Mundial quedó deslumbrado con la seguridad y los protocolos del lugar, con ver a los árbitros de toga. Sin embargo, el momento de la declaración fue una desilusión: «Los abogados de Uruguay no me hicieron preguntas. Entonces, fue muy extraño, muy confuso.

Yo era el experto comercial, el que conocía el impacto de las medidas en el área financiera de la empresa». En ese momento, Cibils comprendió que Uruguay tenía la «mejor carta» para ganar el juicio: «Ellos decían que lo hacían por una cuestión de salud y nosotros tratábamos de demostrar que las medidas no tenían que ver con esto, que era un problema de competencia comercial. Ellos llevaron la disputa a un lugar filosófico, pero habría que medir si lo que hicieron tuvo un impacto en la salud».

Cibils había comenzado a trabajar en Unilever, donde vivió cinco años «maravillosos». Entró cuando tenía veinticuatro años y estaba a punto de recibirse de contador público. En Unilever le pagaban poco, pero lo «educaron» en los conocimientos del marketing y ese fue su trampolín para saltar de un gigante a otro. Pasó de una empresa dueña de catorce marcas que estaban entre las primeras cincuenta más consumidas del planeta, a otra que vendía los cigarrillos más populares del mundo. Su ingreso a Philip Morris fue en 2004, en los albores de sus treinta años. Su trabajo se desarrollaba en un mundo de fiestas auspiciadas por Marlboro en Punta del Este, en un país donde fumar cigarrillos importados era un distintivo de clase social. Su producto vivía en la noche, con otras drogas legales como el alcohol: «Mi trabajo era sólo ganar en ese momento, yo sabía que fumar hacía mal, pero a nadie le importaba».

En esos primeros años, el marketing en Philip Morris era como en cualquier otro lugar, «no tenía ninguna ciencia». Cibils cuenta que solamente trataba de aplicar el «sentido común»: «Siempre depende del producto que quieras desarrollar o vender. Tenés que entender a los consumidores porque en un lugar como Uruguay no hay tres millones de consumidores, entonces, hay que segmentar el mercado, saber quiénes consumen lo que vendés, quiénes no y por qué no lo hacen, y después tenés que desarrollar el mejor producto para tus consumidores y hacerles llegar la información. Es un concepto de libertad básico. Si alguien decide consumir un producto, una bebida con azúcar, una comida con más grasa, tengo que tener alguna posibilidad de comunicarme con él. Y cuando alguien te compra algo, vos tenés que lograr que repita la compra. Idealmente, tenés que contar con canales habilitados para llegar a esas personas, pero si empezás a tener más restricciones, hay que ser más creativos».

Un día encendieron la luz. La fiesta terminó. El gobierno uruguayo cambió las reglas del juego y ellos tuvieron que salir del *statu quo* que habían construido, porque ya no podían recurrir a los medios masivos ni a los eventos auspiciados. Ahora en las reuniones sociales Cibils no quería decir dónde trabajaba, y cuando alguien le preguntaba, siempre respondía que era empleado de una distribuidora. No lo hacía por vergüenza o por culpa, solamente quería evitar las conversaciones sobre juicios morales porque estaba cansado.

La medida que más afectó a Philip Morris fue la Presentación Única, cuenta Cibils, porque los obligó a tomar «grandes decisiones», como definir cuál era la mejor marca para dejar o cuál era la que más representaba a los consumidores uruguayos. Al final, se quedaron con las más tradicionales: «Hacía mucho tiempo que nosotros veníamos construyendo marcas, que en el caso de Uruguay eran Fiesta y Marlboro, con muchas presentaciones, sabores, propuestas, y cada una identificada con diferentes colores para que los consumidores entendieran cuál era la suya y no se confundieran. Pero, al no poder usar más las diferentes presentaciones, tuvimos que dejar esas propuestas y eso tuvo un impacto fuerte desde mi lado en la parte comercial y de facturación. En este universo cada consumidor tiene su propia búsqueda, su gusto por un sabor, por un color, por un precio. Acá sucedió que a una persona que todos los días compraba algo la dejaron sin ese producto de un día para otro, ya no estaba más y no porque la empresa lo decidió o porque la marca cambió y se lo explicaron. Un día llegaste al punto de venta y la marca que elegías no estaba más. Era tu libertad de elegir, pero tenías que buscar un sustituto, empezar de nuevo a probar o recordar qué usabas antes, qué marcas te gustaban».

Quienes impulsaron la política antitabaco en Uruguay lograron que una empresa y un grupo de consumidores, en un día, a una hora convenida, se quedaran sin sus productos. Vivir para algunos no es dejarse llevar.

Cibils estuvo quince años en la empresa. Los primeros tres en Uruguay (2004-2007), luego se fue a Europa del este (República Checa y Eslovaquia) y finalmente volvió para ocupar un cargo regional en los últimos cinco, cuando el juicio con Uruguay se había terminado. Ahora no trabaja más en Philip Morris y dice que no volvería, que «ya está», y eso no tiene que ver con que sea una empresa tabacalera. Después piensa: «Es verdad que es una actividad intensa, difícil, desgastante».

El área comercial y financiera de Philip Morris había apoyado todos los reclamos en los tribunales uruguayos y en el tribunal internacional. Él, que formaba parte de este sector, dice que siempre intentaron cumplir, que respondieron en tiempo y forma a todas las modificaciones, pero hubo regulaciones «excesivas», que ya no parecían enfocadas en la salud: «Yo estaba convencido de que nos estaban atacando la marca, y el reclamo que hacíamos era porque no podíamos competir en el mercado. Es ilegítimo lo que hizo Uruguay».

Cibils enfatiza este argumento, porque desde su punto de vista, la demanda de Philip Morris nunca fue en contra de las medidas de salud, sino que fue un reclamo por la incapacidad que les generaron las regulaciones para competir con una empresa local: «Con la medida de Presentación Única se afectó la competencia del mercado uruguayo, un mercado en el que Philip Morris es infinitamente más chico que la empresa principal, que siguió usando todas sus marcas para vender lo mismo que vendía. Eso a mí me provocó desesperación, porque tratábamos de hacer todo bien para adaptarnos y la otra empresa decidió usar sus marcas para todo el resto de su línea. Ellos estaban fuera de la ley. Yo hubiera esperado que el gobierno reaccionara frente a eso y no lo hizo».

Cibils habla de una empresa local que no respetó las normas del gobierno, pero no la nombra: «No era una compañía global contra un país. El problema era por una regulación específica que afectaba la competencia en el mercado uruguayo. Philip Morris era infinitamente más chica que esa empresa, que hizo una interpretación totalmente distinta de la presentación única y de forma indirecta siguió usando sus marcas para seguir vendiendo todos los mismos productos que vendía antes. Desde mi lugar, el comercial, eso generó desesperación».

La empresa uruguaya que Cibils no nombra se llama Montepaz[89] y fue creada en 1880 por Julio Mailhos. En los años álgidos de la pelea contra Philip Morris (2007-2013), Montepaz era la dueña del 85 % del mercado nacional de venta de tabaco. Una década después del juicio, esta empresa opera en el país con cuatro plantas industriales, emplea a unas 750 personas (la misma cantidad que empleaba Abal Hermanos[90]) y exporta sus productos a lugares como México, Colombia y Japón. En su sitio web, Montepaz todavía utiliza la denominación *fresh* para su marca Pacífico y utiliza la palabra *light* en la descripción de sus cigarrillos Bright, que son exportados a Japón.

En 2009, cuando el gobierno uruguayo implementó el Requisito de la Presentación Única, Montepaz cambió los nombres de sus productos y los registró como nuevas marcas. La dueña de los famosos Nevada y Coronado hizo que, por ejemplo, sus Nevada Blanco pasaran a llamarse California, algo que Philip Morris no podía hacer porque el Hombre Marlboro nunca fumaría California.

En el laudo, el tribunal reconoce que el Estado uruguayo tenía un problema con la estrategia de Montepaz porque, por un lado, decía que la Presentación Única era un éxito y que los consumidores estaban mejor informados que antes.[91] Sin embargo, por el otro lado, un grupo considerable de uruguayos declaraba que fumaba cigarrillos *light* a pesar de que ya no estaban disponibles en el mercado.[92]

Philip Morris dijo explícitamente en el juicio que Montepaz era el vendedor de esos cigarrillos «ligeros» y que había violado la normativa del gobierno, aunque el tema no era parte de la discusión en el arbitraje internacional: «Mailhos adoptó cajetillas con los colores y diseños de la misma línea que la exmarca Coronado, pero de forma ostensible bajo marcas diferentes, principalmente, "Madison" (plata) y "Ocean" (azul). Sin embargo, era evidente para todos que ellas pertenecían a la misma familia de productos, y como tales constituían coartadas».[93]

Los abogados de Philip Morris plantearon este tema porque decían que esa violación a la norma los había perjudicado indirectamente, ya que la siguiente medida adoptada por Uruguay luego de la Presentación Única (que les había generado un perjuicio directo) fue una reprimenda para Montepaz.

Ese castigo que denunciaba Philip Morris se había aplicado por un decreto[94] del 15 de junio de 2009. El presidente Tabaré Vázquez decidió en ese momento aumentar el tamaño de las advertencias sanitarias de un 50% a un 80% de la superficie de las cajas. Los abogados de la tabacalera dijeron que Winston Abascal les había reconocido que la medida «podría haber sido» para sancionar a Mailhos por su incumplimiento. Abascal y Ana Lorenzo lo negaron. Uruguay respondió que ese aumento hasta 80% no era otra cosa que la continuación de la línea planteada por el Convenio Marco y que había un documento que servía como prueba de esto.

Dos meses antes de la aprobación del decreto, el 15 de abril de 2009, Eduardo Bianco y Tabaré Vázquez se habían encontrado en la oficina del presidente. Fue una reunión formal, donde Bianco participó como miembro de la Comisión Asesora[95] para discutir los pasos a seguir por Uruguay respecto de las medidas de control del tabaco. Al otro día, Bianco le envió una carta y un mail a Vázquez, quien luego le comunicó a su gobierno que aceptaba la propuesta del doctor, que en representación de la Comisión Asesora había sugerido aumentar el tamaño de las advertencias sanitarias. En el intercambio no se hacía mención a Abascal ni a Mailhos, ni se hablaba de una violación de Montepaz al Requisito de la Presentación Única.

La viveza criolla es la astucia que los uruguayos se atribuyen a sí mismos para obtener provechos sin mayores esfuerzos.[96] Otra expresión común asociada a la viveza criolla es «estar de vivo», tener una actitud atrevida, aprovecharse de una situación, alardear de listo, y también propasarse. Quizás la acepción más ingeniosa es "hacerse el loco". El que se hace el loco se da cuenta antes de dónde está el problema y, generalmente, sabe evitarlo.

I love you

La abogada Andrea Barrios, especializada en propiedad intelectual, presentó en el quinto día de las audiencias finales una teoría novedosa sobre el derecho de marcas uruguayo. Barrios dice que todo empezó muchos años antes, en la década del noventa, cuando eran novios con su marido. Por entonces, él, estudiante de Química en la facultad, tenía que dar un examen de Legislación Farmacéutica y como no había profesor para la materia, el decano les exigió un práctico en equipo para aprobar el curso. Ella había estudiado el tema en la Facultad de Derecho, y entonces pensó que podía ayudar. Los cuatro integrantes aprovecharon la oferta. Barrios hizo el trabajo y la calificación que recibieron fue casi excelente.

Ella eligió el camino largo. Después del parcial, Barrios decidió entrar como ayudante honoraria de la materia Legislación Farmacéutica en la Facultad de Química. Al frente de la cátedra en ese momento estaba Miguel Ángel Toma, que dejaría su lugar años después. Su formación se completó en Buenos Aires y en Santiago de Compostela, donde obtuvo su diploma en «Propiedad intelectual, defensa de la competencia, publicidad y competencia desleal». Luego ganó más experiencia con trabajos para el Estado uruguayo en temas relevantes, como las negociaciones del Tratado de Libre Comercio con Estados Unidos.

En noviembre de 2011, Barrios tuvo su primer acercamiento con el juicio de Philip Morris, aunque ella no lo supo hasta un par de años después. Eduardo Jiménez de Aréchaga le dijo en ese momento que tenía un trabajo para ofrecerle, sin dar más detalles. Los dos se conocían de la Facultad de Derecho, aunque él no lo recordaba. Fue un primer contacto que funcionó casi como un boleto de reserva: él la iba a necesitar porque la tabacalera había solicitado consultas e informes técnicos a los profesionales uruguayos con mayor grado académico y eso le había quitado al Estado uruguayo la posibilidad de contratarlos como expertos para el juicio.

Barrios y Jiménez de Aréchaga no se cruzaron de nuevo hasta que se resolvió el conflicto por jurisdicción. Clara Brillembourg, la abogada sénior de Foley Hoag que trabajó directamente con los uruguayos, dice que esa fue otra ventaja de la disputa partida en dos, porque les dio tiempo de prepararse para la discusión de fondo, y contar con una experta como Barrios fue parte de eso.

Brillembourg le tomó un examen a Barrios, después aprobó su contratación y luego le dio indicaciones precisas. Debía trabajar con una computadora sin conexión a internet y si imprimía algo debía estar al lado de la impresora. Para acceder a los documentos del caso recibía un enlace con una clave que alguien le daba por teléfono cada vez que iba a entrar. Tenía que investigar todo lo que había publicado en su vida laboral, no querían sorpresas o inconvenientes. Tampoco podía asistir a seminarios, congresos, ni hablar con la prensa. Durante un año y medio su marido no supo lo que pasaba. Menos lo supieron sus cinco socios en el estudio y sus compañeros en la facultad, donde ella dejó de dar opiniones técnicas de un momento a otro, sin explicaciones. Cuando Barrios entregó su primer informe a Foley Hoag, le pidieron cambios. Primero, querían frases más cortas para que sonaran mejor en inglés. Ella cumplió. Una semana antes de la entrega final le pidieron que hiciera todo al revés. Ella leyó la solicitud en un e-mail y se quedó mirando la pantalla de su computadora durante horas, sin hacer nada, porque todo lo que había escrito antes tenía una lógica. Barrios igual fue obediente, hizo los cambios que le pidieron y el documento se agregó como prueba al caso.

Cuando parecía que las cosas avanzaban, aparecieron otros uruguayos, pero en este caso de la Dirección Nacional de Propiedad Industrial (DNPI). Este organismo estatal hizo un informe a favor de Uruguay, que contradecía el trabajo de Barrios y que involuntariamente debilitaba la postura de la defensa. Barrios sentía que le estaban haciendo un boicot, porque los integrantes de la DNPI querían declarar en su lugar, y ese contrainforme se hizo sin consultarla. Ella, incluso, cree que podrían haber trabajado todos juntos. En aquel momento estaba angustiada, hablaba con Jiménez de Aréchaga o con Brillembourg para desahogarse. Eran charlas de una hora por teléfono. A Brillembourg le decía que si las cosas iban a ser así, ella no tenía nada más para hacer, que estaba dispuesta a dejar el caso, que si la querían debían cuidarla.

Brillembourg cuenta que tiene un método. Cuando ella trabaja en un caso, siempre observa las debilidades propias primero, porque su especialidad es proteger y, una vez que encuentra cómo hacerlo, después piensa en ganar: «Cuando se prepara un caso hay que entrar al bosque y salir, porque recién cuando salís ves la perspectiva más amplia de lo que hay por delante». El asunto del informe y el contrainforme necesitaba un punto final, así que se convocó a una reunión en Cancillería con el embajador Gianelli, Paul Reichler y Brillembourg por Foley Hoag, más los directores y funcionarios de la DNPI, que opinaban en contra de Barrios. Parecía otro examen. Los abogados de Estados Unidos no le decían nada, sólo hablaban los uruguayos. Cuando Barrios respondió a la tercera pregunta que le hicieron, Brillembourg la miró y le dijo *I love you*. Barrios se empezó a reír. Fue la primera vez en meses de trabajo.

Ese día en Cancillería, Barrios presentó su teoría novedosa, que luego sirvió para ganar una parte de la disputa en el juicio. En síntesis, ella decía que Philip Morris carecía de derechos pasibles de ser expropiados porque para la legislación uruguaya los que registran una marca sólo tienen un derecho negativo, es decir que se les permite excluir a terceros del uso, pero no tienen derecho a hacer cualquier cosa con esa marca.

El 2 de febrero de 2010, la marca SUN conoció los límites del Estado. Fue una de las últimas resoluciones de la presidencia de Tabaré Vázquez, aplicada en el mismo mes que Philip Morris hacía su denuncia en un tribunal internacional. La Unidad Reguladora de Servicios de

Energía y Agua (URSEA) resolvió «el cese de la comercialización del producto eléctrico calentador de agua instantáneo tipo SUN», por considerar que no cumplía con los requisitos mínimos de seguridad para el usuario. El SUN se había utilizado durante décadas para calentar agua en las universidades, en los trabajos, en las reuniones de los políticos, en cualquier lugar donde hubiera un enchufe y alguien quisiera calentar agua para poder tomar su mate. Su inventor, al enterarse de esto, dijo que no se oponía a la decisión, pero aclaró: «Hay muchos artículos en el mercado mundial que son peligrosos, algunos más peligrosos que el SUN (...) se debería haber tenido en cuenta los 47 años de existencia del producto sin que se haya reportado ningún accidente».[97]

Prohibiciones injustificadas y advertencias desmedidas eran los principales argumentos de los abogados de Philip Morris para acusar a Uruguay. En el juicio sus abogados dijeron que con el Requisito de la Presentación Única y con el aumento de las advertencias sanitarias a un 80% de la superficie de las cajas, el Estado uruguayo había violado la ley[98] de marcas de 1998 y los tratados suscritos sobre propiedad intelectual. Estas eran las pruebas contundentes de la expropiación indirecta de sus activos, incluidas la propiedad intelectual y la plusvalía asociadas con cada una de las variantes de sus marcas. Uruguay, por su parte, defendía su derecho a implementar políticas de salud pública por sobre el derecho de marcas y sus abogados argumentaron que el negocio de Philip Morris no se había visto afectado por las medidas del gobierno porque la empresa Abal Hermanos (Philip Morris) continuó siendo rentable.

Barrios había cruzado el bosque. Era el momento de defender su teoría en las audiencias finales. Ella recuerda que la noche antes de declarar solamente quería descansar, pero los abogados de Foley Hoag no la dejaron en paz. Parecía que para ellos no existía el día. Le ofrecían comida de madrugada, una pata de pollo que había sobrado del almuerzo o, quizás, de la cena. Le pedían que se sujetara el pelo, que Barrios llevaba por los hombros, pero ella no sabía peinarse. Le decían que se hiciera un moño, porque tenía aspecto de niña y eso no la iba a ayudar. Otra mujer trajo unas horquillas y probaron un nuevo peinado. Ella les decía que hicieran lo que quisieran, pero que después la dejaran ir a su habitación. *I have to wash my hair,* decía, para poder tener un rato a solas o descansar. Finalmente lo logró, durmió unas horas.

A la mañana siguiente Andrea Barrios se puso la camisa de seda blanca y el traje negro que le habían sugerido. En la sala de reuniones, los mismos abogados que en la víspera estaban con ella la esperaban para hacer las últimas pruebas antes de declarar. Brillembourg explica que cuando preparan al testigo para la declaración no tratan de convertirlo en una Inteligencia Artificial. Ella dice que es «un arte». Son ensayos para que la persona sepa cómo va a ser la audiencia porque no quieren sorpresas. En esas pruebas, le hacen preguntas y le dicen si la respuesta estuvo bien, si debe hablar un poco menos, o le recuerdan algo que está en algún documento, algo que debe ajustar. También le sugieren usar los documentos para que no sean sólo sus palabras las que se enuncian, le enseñan a usar los documentos para apoyarse. En el caso de Andrea Barrios, ella escribió un e-mail dirigido a los abogados de Foley Hoag con las preguntas que quería que le hicieran y las que no quería responder. Lo hizo desde Uruguay, antes de viajar. En las respuestas también recibió indicaciones sobre cómo debía sentarse en el estrado, le explicaron que su mirada siempre tenía que dirigirse a los árbitros y que era importante estar atenta a no responder hipótesis por fuera del tema, y que si lo hacía debía aclarar que era para «ayudar al tribunal». Además, le sugirieron pedir la traducción de las preguntas, aunque supiera inglés, porque así iba a tener más tiempo para pensar las respuestas.

El pelo de Barrios se volvió un tema importante en ese quinto día de las audiencias. La dedicación que le ponía el equipo de Foley Hoag parecía una extravagancia, una frivolidad en el medio de tanta discusión compleja que ella tenía por delante. Reichler tenía algo que decirle, traía unos documentos, pero ella no lo dejó hablar porque la esperaban, tenía que llegar a tiempo para peinarse. Reichler le respondió: «¡¿Qué?! De ninguna forma. Yo quiero que estés natural, como sos, no voy a permitir que mi amigo Crawford y mi amigo Bernardini pierdan la posibilidad de ver a esta hermosa mujer. Es la única que va a declarar, la más joven de todas, con todo el pelo rubio al viento. Yo quiero que se destaque entre tantos hombres de traje gris. Ojalá tuviera un ventilador para mover su pelo mientras declara. Use todos sus encantos, todos los que sean necesarios».

Barrios había sido alumna de Gustavo Fischer, el experto uruguayo contratado por Philip Morris, e incluso tenía una buena relación con él y juntos habían llegado a escribir algunos artículos académicos. Reichler iba a recurrir a otra historia mil veces contada para ganar esa disputa: la alumna que supera al maestro. En el CIADI profesor y alumna se saludan. Fischer le dice que es un placer y un honor enfrentarse a ella, después le presenta a los abogados del estudio que defiende a Philip Morris. Barrios agradece, responde que siente lo mismo. Fischer declara primero. Ella lo hará después del almuerzo, así que no podrá ver a sus compañeros, ni hablar con nadie. Cuando Fischer termina hay un corte y el tribunal la «secuestra». Barrios quiere ir al baño, pide permiso y la secretaria del tribunal la acompaña hasta el inodoro para controlar que no se comunique con nadie. Luego vuelve al comedor. Está sola, duda de lo que sabe.

—¿Sabe por qué yo estudié Derecho Civil, doctora Barrios? —escucha. Es la voz del presidente del tribunal, el italiano Piero Bernardini.

—No —responde Barrios, sorprendida.

—Porque siempre pensé que era más fácil que estudiar Propiedad Intelectual.

Ambos se ríen de un chiste que sólo pueden entender los abogados. Barrios se olvida de que hasta hacía unos minutos se sentía perdida.

—Yo leí su informe y aprendí mucho cuando lo hice. Y pensé: este señor debe ser de ascendencia italiana. Andrea es un nombre común en los hombres italianos. Cuando la vi en el tribunal me sorprendí.

—La verdad es que mi madre me puso Andrea por un señor que conoció hace años. Mi abuelo era alemán, pero tenía un amigo italiano. Para mi madre era como su tío. Y cuando nací me puso como él.

Bernardini sonríe y se va porque la regla dice que los árbitros no pueden hablar del caso con los testigos. Barrios, ahora, se siente confiada. Está lista para enfrentarse al abogado de Boston experto en marcas contratado por Philip Morris que la va a interrogar.

En el laudo, los árbitros destacaron el razonamiento que Andrea Barrios hizo ese día:

En la opinión del Tribunal, ambas partes se han enfocado en la dicotomía entre un derecho de uso y un derecho de protección. Sin embargo, puede ser más fructífero analizar el caso como una cuestión entre un derecho absoluto versus un derecho exclusivo de uso. La titularidad de una marca, en ciertas circunstancias, sí otorga un derecho de uso de la marca. Se trata de un derecho de uso que existe frente a terceros, un derecho exclusivo, pero relativo. No es un derecho absoluto que pueda oponerse al Estado en su calidad de regulador.

Esta no es la primera vez que la industria tabacalera ha sido sujeta a regulaciones que afectan el uso de las marcas. La mayoría de los países, incluido Uruguay, limitan el uso de las marcas, por ejemplo, en la publicidad. En particular en una industria como la tabacalera, pero también en términos más generales, debe haber una expectativa razonable de que haya regulaciones, de modo que no pueda existir un derecho absoluto al uso de las marcas. Si después del otorgamiento de una marca se descubre que un aditivo para alimentos provoca cáncer, el gobierno debe tener la potestad de legislar para impedir o controlar su venta.

No hay siquiera argumentos prima facie para la expropiación indirecta por parte de la Regulación del 80/80. La marca Marlboro y otros elementos distintivos siguieron apareciendo en las cajillas de cigarrillos en Uruguay y eran reconocibles como tales. Una limitación del 20% del espacio disponible no podría tener un efecto sustancial sobre el negocio de las demandantes, puesto que sólo consistió en una limitación a las modalidades de uso de las marcas relevantes, impuesta por la ley.

En la opinión del Tribunal, la adopción de las medidas impugnadas por parte de Uruguay constituyó un ejercicio válido del poder de policía del Estado. Las investigaciones motivacionales en relación con el consumo de tabaco son difíciles de realizar (como lo han reconocido los peritos de ambos lados). Además, las medidas impugnadas se introdujeron como parte de un amplio plan para el control del tabaco y es difícil desglosar sus distintos componentes. Sin embargo, el hecho es que la incidencia del cigarrillo en Uruguay ha disminuido, en particular entre los jóvenes fumadores, y que estas son medidas de salud pública que apuntaban a este fin y fueron capaces de contribuir a su alcance. En la opinión del Tribunal, esto es suficiente.

Antes de volver de Estados Unidos, cuando Andrea Barrios elegía regalos para su familia en una tienda, escuchó cinco palabras que la dejaron helada: «Estuviste muy bien, me impresionaste». Ella conocía esa voz, era de

Gustavo Fischer, su profesor. Andrea Barrios agradeció, aunque en ese momento ninguno sabía cómo iba a salir el juicio. Sin embargo, Barrios tenía una corazonada desde el día que su interrogatorio había terminado, cuando en la audiencia recibió una nota firmada por todos los integrantes del equipo de abogados de Foley Hoag. Esa nota tenía la letra de Clara Brillembourg. Decía *I love her*.

El asunto es personal. Ser madre le llevó a Clara Brillembourg años de tratamientos de fertilidad. Su primera hija nació cuando faltaba una semana para las audiencias sobre jurisdicción contra Philip Morris. Ella había trabajado hasta la noche del parto con su testigo experto, panza arriba, con sus piernas apoyadas en una silla. Unos años después, cuando con su esposo hablaron sobre la posibilidad de tener otro hijo, ella le dijo que no quería pasar por una situación de estrés laboral similar. Entonces, se tomaron una pausa. Necesitaba que su cabeza, su corazón y su sangre estuvieran en el tramo final del juicio contra Philip Morris. Quería estar enfocada y dormir bien. Casi lo logra. Brillembourg se enteró de que estaba embarazada otra vez cuando faltaban tres semanas para las audiencias finales.

Sus compañeros le decían que la criatura se iba a llamar Philip, pero el niño se llamó Thomas. Brillembourg dice que no se dedicó a la abogacía para hacer dinero como razón fundamental. Ella quería «contribuir al mundo», ayudar. Por eso necesitaba de casos que cumplieran con ese objetivo. La disputa con Philip Morris representa ese ideal: «Es un caso de ángeles contra demonios, la mayoría de los casos tienen gris en el medio, pero esta era una batalla para salvar vidas. Esto me cambió profesionalmente. Fue un caso emblemático, porque la pregunta que debía responderse a nivel mundial era si una compañía que estaba infeliz con una ley hecha para proteger la salud de la población podía ponerse por encima de los gobiernos y hacerles pagar millones de dólares».

Brillembourg cuenta que las tabacaleras han tenido litigios constantes en los últimos treinta años, en todas las cortes nacionales del mundo, pero este fue el primer intento de ganar en un tribunal internacional: «Si hubiera ido bien, me imagino que esto se hubiera convertido en su nuevo terreno de batalla, hubiera sido de un impacto tremendo, darse cuenta de que podían congelar en todo el mundo los reglamentos de los países. Fue la primera vez que lo intentaron y les fue muy mal, pero ellos no van a parar, no paran fácilmente, ellos luchan. En el universo del arbitraje internacional esto tuvo un impacto tremendo, fue la primera vez que un público más amplio se dio cuenta de que los países tenían derecho a aplicar reglamentos de salud, y esto es un precedente que sigue vigente para otros casos, su impacto durará por mucho tiempo».

Brillembourg da conferencias, habla en paneles sobre lo que se conoce en su jerga como *leading case*: un caso cuya resolución o sentencia inicia una tendencia. Ella dice que Philip Morris contra Uruguay es un caso que se enseña en las clases de arbitraje internacional en Estados Unidos: «Si alguien hace un curso sobre este tema, tengo un 80% de certeza de que este caso sería una parte importante de ese entrenamiento».

Cuando se conoció el resultado del juicio, Brillembourg fue ascendida a socia de Foley Hoag. Hasta ese momento, de los dieciséis años que llevaba en la firma, quince los había dedicado a trabajar con el Estado uruguayo: «Yo no puedo separar a Uruguay de mi vida, no sé si Uruguay sentirá lo mismo».

Ecuador: tal como somos

La defensa que había preparado Uruguay se había consolidado con el respaldo de la OMS y la OPS en enero de 2015, con el expediente encontrado sobre la Presentación Única y con el trabajo de Barrios. Eso había colocado definitivamente al arbitraje como un tema de salud frente al derecho comercial. Pero los abogados de Philip Morris recurrieron a un argumento que hasta ese momento había sido residual: la denegación de justicia. Como dijo Brillembourg, no iban a parar fácilmente («ellos luchan») y esto tenía preocupada a la defensa de Uruguay en las audiencias.

Abal Hermanos, que era la filial de Philip Morris, había presentado tres demandas en dos tribunales uruguayos de máxima jerarquía. La primera solicitaba la nulidad de la Presentación Única ante el Tribunal de lo Contencioso Administrativo (TCA), un órgano externo al Poder Judicial, donde los privados pueden tener sus pleitos contra el Estado. Algunos suelen decir que en Uruguay el TCA es el cuarto poder.

El TCA emitió una sentencia sobre este planteo el 14 de junio de 2011,[99] pero en el texto se equivocó y mencionó por error al competidor de Abal Hermanos, British

American Tobacco (BAT),[100] que había planteado también una demanda similar. Fueron tres menciones erradas que rápidamente notaron los abogados de la empresa y pidieron al TCA que revisara el fallo. Sin embargo, el tribunal les respondió que el error no afectaba la sustancia de la resolución, por lo tanto, consideraba que la cuestión de fondo estaba laudada más allá de la equivocación.

A partir de esto, el estudio encargado de la defensa de Philip Morris en Uruguay, Guyer y Regules, contactó al abogado Alejandro Abal para que les hiciera un informe como experto en el juicio internacional. Abal, catedrático de Derecho Procesal, analizó el caso y les dijo que era tan absurdo lo que había hecho el TCA que nunca en sus cincuenta años de carrera había visto algo semejante: «Que alguien tomara un expediente donde se habla de A para fallar en un juicio que es iniciado por B era un error grosero. Es indiscutible que sucedió así. Yo pienso que un solo ministro redactó la sentencia y que los otros cuatro apoyaron la argumentación. Es muy difícil de creer que los cinco no vieron un disparate así».

Abal viajó a Washington D. C. para declarar como testigo experto de Philip Morris en los últimos dos días de las audiencias. Fue tranquilo, porque desde su punto vista no había manera de que pudieran defenderse de este error. Sin embargo, cuando la audiencia comenzó lo hicieron enojar. Los abogados de Foley Hoag le plantearon al tribunal que Abal no podía opinar en el caso porque tenía un claro conflicto de interés, ya que Abal Hermanos era la empresa de su familia.

La historia de Abal no es ningún secreto en Uruguay. De hecho, cuando era docente, Abal fumaba en sus clases (como la mayoría de los profesores) y sus alumnos le hacían chistes porque sabían que su apellido era igual al de los dueños de la tabacalera Abal Hermanos. Abal ya no fuma. Un día decidió dejar el cigarrillo porque era un hábito esclavizante, aunque reconoce que de vez en cuando prende algún habano.

El árbol genealógico de los Abal es frondoso y es verdad que está relacionado con la historia del tabaco en Uruguay. Él es Abal Oliú y su bisabuelo, Juan Abal, fue quien empezó con esta actividad en 1877, en la misma década que Mailhos, el fundador de Montepaz. En su oficina, el bisnieto de Juan Abal tiene un cuadro de su bisabuelo, lo señala: «Es ese que está ahí, te parecerá un hombre muy importante, pero era analfabeto. Cuando la gente ve ese cuadro piensa que ese es el fundador del estudio de abogados y no es así, Juan aprendió a leer y a escribir de viejo, muy poquito. "Papá Juan", le decían, yo nunca lo conocí. Vino a los 16 años, trabajó en un almacén, lo compró, empezó a picar tabaco en el sótano y así hizo su fábrica, que se llamó Juan Abal. Después, por 1890 se fue a Europa y sus dos hermanos, Cándido y Narciso, que habían sido sus ayudantes, hicieron su propia fábrica con un argentino. Esa fábrica se llamó Abal Hermanos y fue fundada en 1900».

La historia de la fábrica Abal siguió con sus bifurcaciones. Uno de los hermanos se fue de la empresa y se dedicó a los chocolates. Otro la abandonó y los nietos de Narciso, que eran de apellido Methol, heredaron parte de la empresa. Francisco fue el único de los Abal que continuó con el negocio, hasta que en 1979 la firma fue vendida a Philip Morris, que decidió conservar el nombre Abal Hermanos.

Alejandro Abal, el abogado experto contratado por la Philip Morris en el juicio, visitó la fábrica de tabacos alguna vez con su primo tercero, «Panchito», que murió en la tragedia de Los Andes: «Todavía tengo algún afiche que él me dio, pero yo no tengo nada que ver con ellos, ni mi padre, ni mi abuelo, ni mi bisabuelo. Estos cretinos quisieron entreverar las cosas en el arbitraje y cuando vi que lo pusieron en el informe me preocupé por aclararlo. Fue un ataque personal, no era la fábrica de mi familia, era de unos tíos míos y sus herederos, pero lo hicieron para que los árbitros pensaran que yo era uno de ellos».

Abal es dueño de una sola fábrica que se llama Sondor, un estudio de grabación que era de su abuelo y después fue de su padre. Ahora él es uno de los directores, aunque no trabaja formalmente en la empresa. Sondor fue fundada por Enrique Abal en 1938, un hombre que con veinte años hizo sus primeras grabaciones a músicos y que tenía por costumbre identificarlos con la palabra Son d'Or, que significaba Sonido de Oro. Miles de discos, decenas de miles de discursos políticos, comerciales e interpretaciones musicales. Todo fue grabado después en Sondor, que se convirtió en la primera industria de discos del Uruguay, cuando en el fondo de su casa Enrique Abal comenzó a hacerlos con una caldera de vapor de tintorería.

En 1944, Sondor empezó a editar discos bajo su propio sello y una década después hizo el primer disco

45 rpm de América del Sur. Sondor grabó a numerosos grupos y solistas que hicieron florecer el catálogo de artistas uruguayos, como Julio Sosa, Alfredo Zitarrosa, Ruben Rada, José Carbajal «El Sabalero», Santiago Chalar, Pepe Guerra, Eduardo Mateo y Eduardo Darnauchans. El archivo de Sondor tiene quinientos discos 78 rpm, cuatrocientos discos de 40 cm de respaldo de esas grabaciones y cientos de grabaciones particulares. También están archivados en Sondor los diseños gráficos originales de algunos discos.

Abal está orgulloso del archivo de su empresa. Su patrimonio es oro cultural del Uruguay. Otros archivos, como el de la tabacalera Abal Hermanos, no se conocieron demasiado. El investigador Alcides Beretta cuenta en su publicación *Inmigración europea e industria. Uruguay en la región (1870 - 1915)* que parte sustancial de la papelería de la empresa fue destruida al ser adquirida por Philip Morris.

En marzo de 2005, cuando Tabaré Vázquez asumió como presidente, los músicos fueron el recurso que Montepaz, la competidora principal de Philip Morris, usó para posicionarse frente a los tiempos que se venían. Era un comercial donde se veía a Jaime Roos, Ruben Rada, los hermanos Fattoruso, los Ibarburu, Francis Andreu y las bandas de rock Cursi y Hereford. Ninguno tenía un cigarrillo en la mano, los músicos sólo tocaban en distintos lugares emblemáticos de Montevideo. Tampoco había referencias directas a la marca hasta el final del comercial, cuando aparecía el logo de la marca Nevada, la más consumida por los uruguayos, y se leía «Tal como somos».

Una nota publicada en el semanario «Qué Pasa» del diario *El País*, a once días de la asunción de Tabaré Vázquez, contaba que habían consultado a los artistas por la participación en ese comercial y que Roos, Rada y los Ibarburu no habían querido hacer declaraciones. Luego se citaban palabras de Hugo Fattoruso en el programa *La Brújula* de radio El Espectador, donde el músico explicaba por qué había aceptado participar en el comercial: «Nosotros somos trabajadores, estamos prácticamente trabajando a salario. Yo fumo hace cuarenta y cinco años. Los hijos de puta son los que venden cigarrillos, porque ni tabaco es; es anilina, repollo, lechuga, y una cantidad de porquerías que te hacen adicto. Entonces, si vos te fumás un porro te cagan a patadas en el culo, pero si vos te fumás dos paquetes de cigarros por día está todo bien, estamos en una sociedad un poco dispersa, que no tiene foco. Pero de cualquier manera, a mí vienen... mirá, yo no soy una prostituta. Vinieron, me dijeron "este es el anuncio de Nevada" y yo les dije: "yo no voy a decir ni una palabra". Me dijeron que no, que nosotros tocábamos una introducción de tres segundos y medio. Y bueno, a mí me importa un carajo si es de cigarro, si es de chantilly o si es de duraznos en almíbar. Para mí el tabaco tendría que ser clandestino, tendrían que prohibirlo, porque cualquiera puede en cualquier esquina de este puto planeta comprar cincuenta marcas diferentes de cigarros. Y realmente hace mal, hace mal».

 Alejandro Abal contó su historia familiar en la audiencia para que el testimonio como experto fuera tomado en cuenta. El tribunal le dio la razón. Asociar a su nombre con Abal Hermanos había sido una picardía de la defensa uruguaya para hacerlo enojar, porque las travesuras de los abogados también son parte de los juicios.

La tabacalera había contratado como experto a Jan Paulsson, el hombre que escribió el libro más citado sobre denegación de justicia en el mundo del arbitraje, para reforzar la opinión de Abal. Paulsson dio su testimonio en el último día de las audiencias y lo que sucedió parece escrito por los guionistas de John Oliver, pero fue real y eso lo hace increíble.

Mientras Paulsson explicaba el contenido de su informe, dijo que Ecuador no le había dado a Abal Hermanos un trato justo.

—Querrá decir Uruguay —le hizo notar Bernardini, presidente del tribunal.

—Perdón, sí, Uruguay. Le ruego que me disculpe —se apuró a contestar Paulsson.

En el final del juicio, cuando Uruguay tuvo que hacer su alegato de cierre, sus abogados no se olvidaron de este episodio y le recordaron al tribunal el error de Paulsson, porque si el número uno del mundo podía confundirse, ¿cómo no iba a poder hacerlo el TCA uruguayo?

El error no detuvo la argumentación de Paulsson. Un Estado que había dado una muestra *orwelliana*[101] de arbitrariedad, ese era Uruguay, un país que había «bloqueado el acceso de Abal Hermanos al edificio de la Corte» con sus errores y contradicciones. La referencia era fácil, directa, a la novela *1984* de George Orwell, que tiene como protagonista a Winston Smith, un hombre que vive en un mundo totalitario a la orden del vigilante Gran Hermano, donde hay un Ministerio de la Verdad, en cuya fachada se lee: «La guerra es la paz, la libertad es la esclavitud, la ignorancia es la fuerza». Un mundo donde nada es del individuo, a no ser unos cuantos centímetros cúbicos dentro de su cráneo.

La denegación de justicia es «la negativa a juzgar», que a veces puede ser una «negativa encubierta», pero que siempre es una violación de lo que los especialistas llaman «el debido proceso». Esta arbitrariedad no responde necesariamente a un acto de mala fe ni de intención maliciosa. A veces, esa denegación puede darse por incompetencias del sistema.

En este caso, para Philip Morris existía una denegación de justicia que se fundamentaba en los errores del TCA y en otro episodio que sucedió unos meses después, con otras dos demandas presentadas por la empresa también ante el TCA y la Suprema Corte de Justicia (SCJ). Según Philip Morris, en ese caso ambos tribunales fallaron en favor de los intereses del Estado uruguayo, y cuando lo hicieron se expresaron de manera «abiertamente contradictoria» en la interpretación de la ley.[102]

Los abogados de Philip Morris argumentaron en las audiencias que ambas proposiciones no podían ser ciertas. A Alejandro Abal no le llevó más de media hora explicárselo a los árbitros. Luego se fue a cenar con los abogados de Guyer y Regules, aunque se quedó pensando en que «el pobre tribunal iba a tener un problema muy serio, porque algo no funcionaba bien en relación al caso».

Abal todavía cree que Philip Morris no recibió un trato justo de parte del sistema uruguayo: «Creo que existió un ambiente para limitar los efectos del tabaco, había un ánimo razonable de perseguir el hábito de fumar, y la posición de Tabaré Vázquez fue importante para lograr la disminución del consumo. La pelea contra el tabaco era generalizada en el mundo occidental. Yo le dije a los abogados de Guyer y Regules que lo hecho por el TCA era incalificable, pero que igual iba a ser difícil que les dieran la razón, porque Uruguay es un país muy pequeño y era poco amigable la demanda contra el Estado. Sonaba como "caramba, hay un Estado que lucha contra el tabaco y se encuentra en este juicio por formalidades del Derecho que no tienen trascendencia". Creo que está bien que exista una regulación del tabaco. Pero Uruguay debió dictar, por lo pronto, una legislación clara, y se podría haber evitado llegar a este extremo».

En el Gran Hermano escrito por Orwell todo podía ser verdad. Las llamadas leyes de la Naturaleza, dice el narrador, eran tonterías, y la ley de la gravedad era una imbecilidad. Winston Smith, el protagonista, desarrolla esta idea: «Si él cree que está flotando sobre el suelo y yo simultáneamente creo que estoy viéndolo flotar, ocurre efectivamente».

¿Cómo iba a hacer Uruguay para que el tribunal no considerara los errores y las contradicciones como una denegación de justicia? La situación parecía lo suficientemente torpe y escandalosa como para desmoronar lo construido por la defensa hasta ese momento.

Superman, Batman, Flash y Linterna Verde. La *Deny of Justice League,* una liga de la denegación de justicia tuvo que salir al rescate. La idea fue del socio de Foley Hoag, Lawrence Martin, que se llamó a sí mismo Linterna Verde, porque nadie sabía cuáles eran sus poderes, pero como conocedor de la totalidad del caso usó los razonamientos de los demás para exponerlos en los escritos y en las audiencias.

José Rebolledo, el mexicano, que recién había entrado a Foley Hoag y era el más joven del grupo, se encargaba de resolver todos los problemas, desde traer las copias de los informes a realizar investigaciones sobre cuestiones que surgían inesperadamente. Podría haber sido Speedy Gonzáles, pero fue Flash, porque sorprendía a sus compañeros con la rapidez con que hacía las cosas. Rebolledo estaba en varios lugares al mismo tiempo.

El caballero de la noche era Constantinos Salonidis, al que todos le decían «Costas». Siempre oscuro y reflexivo, era el cerebro del grupo, rebuscado para construir los argumentos y para hacerlos complejos. Costas hizo gala de su capacidad de persuasión oral en las audiencias y le encantaban, sobre todo, los contrainterrogatorios a testigos y expertos de Philip Morris. Era peleador. Sus compañeros le decían que era tan avasallante que él mismo había elegido el personaje de Batman.

Superman era uruguayo. Entre mayo y junio de 2015, Paul Reichler viajó desde Estados Unidos a Uruguay para reunirse con el abogado Santiago Pereira Campos. Ambos se encontraron en una pequeña oficina estatal, donde Pereira Campos se dio cuenta rápidamente de que a Reichler, ese día, no le importaba tanto lo que él sabía de derecho, sino que estaba midiendo su capacidad de explicar bajo presión. Fue una reunión tensa. Foley Hoag necesitaba a un especialista local para rebatir la posición de Alejandro Abal, y lo necesitaba rápido.

Pereira Campos conocía al experto contratado por Philip Morris porque había sido su profesor en la universidad y luego fue su compañero de cátedra. Su informe fue entregado el 19 de setiembre de 2015, cuando faltaba un mes para las audiencias finales y casi no había margen de error. El abogado tenía que convencer al tribunal internacional de que la justicia uruguaya era seria, independiente y confiable y que, pese a los errores materiales y a la aparente contradicción de sus máximos tribunales, no había existido una denegación de justicia.

El argumento de Pereira Campos fue que entre ambos tribunales no había sentencias contradictorias, más allá de las diferentes interpretaciones de la misma ley, porque ambos sostenían que el Estado tenía potestad para definir las políticas de salud pública y ese era el tema importante. Incluso, Pereira Campos dijo que si existiese una contradicción, el sistema uruguayo tenía un remedio procesal para eso, ya que Philip Morris podría haber presentado un recurso de revisión ante la Suprema Corte de Justicia y no lo hizo.

Finalmente, el tribunal le dio la razón al Estado uruguayo, pero esta vez con una discordia del árbitro designado por Philip Morris. Gary Born dijo que no podía estar de acuerdo con la respuesta porque debió existir alguna forma de recurso judicial tras esas sentencias contradictorias. El trato recibido por Philip Morris, para

Born, no fue justo ni equitativo y eso era un conflicto «muy serio con las garantías de regularidad y justicia en las que se fundan las protecciones en contra de la denegación de justicia».

Los otros dos árbitros plantearon lo contrario y sostuvieron que las «improcedencias procesales» no fueron suficientes para alcanzar el estándar alto que requiere una acusación como la que hizo la tabacalera sobre el Estado uruguayo, que finalmente no era orwelliano:

> *No es suficiente tener una sentencia equivocada ni un procedimiento judicial incompetente, en tanto los tribunales de arbitraje no son tribunales de apelación. Para que exista una denegación de justicia en virtud del derecho deben existir pruebas claras de un indignante fracaso del sistema o una demostración de injusticia sistémica o que la sentencia impugnada fuera claramente indebida y criticable. Este es un caso que difícilmente pueda caracterizarse como una denegación de justicia. Claramente, existieron una serie de improcedencias procesales y una falta de forma. Pero, en definitiva, las similitudes entre los dos casos y los reclamos realizados en ellos sustentan la conclusión de que no ha habido denegación de justicia. En esencia, los argumentos de Abal Hermanos fueron abordados. El hecho de que el TCA ulteriormente no modificara ni aclarara su sentencia, no crea una denegación de justicia.*

Cuando se conoció el resultado del juicio, a Santiago Pereira Campos le llegó una caja desde Estados Unidos. Adentro había un pequeño objeto que ahora está sobre su escritorio en Montevideo. Tiene el tamaño de una taza de café. Es un muñeco. Su cara se parece a la de Christopher Reeve. Los ojos celestes, el pelo morocho y peinado al costado. Está vestido de azul. Tiene las botas rojas, la capa roja y la S le ocupa todo el pecho, pero no se ve completa porque tiene los brazos cruzados.

Superhéroes que fuman

El 12 de octubre de 1972, un avión de la Fuerza Aérea Uruguaya, alquilado por el equipo de rugby Old Christians, despegó del aeropuerto de Carrasco en Montevideo. En ese vuelo viajaban cuarenta y cinco pasajeros rumbo a Chile para jugar un partido de rugby, pero nunca llegaron porque el avión se estrelló en el medio de la cordillera de Los Andes. La historia de los sobrevivientes ha sido contada muchas veces. Sus protagonistas dicen que todos, «supervivientes o no, son héroes que dieron todo lo que tenían para que dieciséis de ellos pudieran volver junto a sus familias».[103]

En el avión iban dos dueños de la tabacalera Abal Hermanos, uno era Javier Methol y el otro Panchito Abal, el primo de Alejandro Abal, ese que alguna vez lo llevó a conocer la fábrica de cigarrillos. El primo murió en el accidente y Methol fue uno de los dieciséis sobrevivientes que soportaron los setenta y dos días en la cordillera. Casi todos los que viajaban eran fumadores antes del accidente, por eso iban cargados de cartones de cigarrillos, conscientes de la escasez de tabaco que había en Chile por aquel entonces. El tabaco no faltó nunca en Los Andes y cada sobreviviente recibió un paquete de veinte cigarrillos cada dos días e, incluso, algunos que no fumaban como Gustavo Zerbino se hicieron fumadores en la cordillera.

Hubo una época en la que muchos superhéroes fumaban. *Wolverine* fue un cómic muy importante en los comienzos de la década de 1980[104] y en la tapa de la edición setenta y cinco, publicada en 1993, se lo puede ver con los pelos azules eléctricos, la mirada felina, el torso musculoso y desnudo, y en la boca lleva un cigarrillo. En las páginas interiores, Wolverine camina por un campo con Júbilo, la joven mutante que ve en él una figura paternal. Wolverine tose después de dar una pitada y dice: «Es hora de dejar esta asquerosidad». Sin embargo, no lo hace hasta que el dibujante Joe Quesada le pone fin al vicio cuando se convierte en el editor de Marvel al inicio de la década del 2000. Era un momento financiero muy complicado para la empresa, que se había declarado en bancarrota cuatro años antes, y Quesada debía reconstruir todo desde los escombros. Una de sus primeras decisiones fue prohibir que sus personajes fumaran, una nueva política que intentaba llegar a un público más joven.[105]

Cuando Quesada comunicó su decisión hubo un gran impacto, ya que el personaje Wolverine se había vuelto masivamente popular con su llegada a la pantalla del cine, interpretado por el actor australiano Hugh Jackman. Quesada dijo que «Wolverine era un modelo a seguir para los niños, y no debería fumar», pero los villanos sí porque «los villanos son estúpidos». El abuelo de Quesada había muerto por una enfermedad relacionada con el tabaco y al momento de la prohibición su padre estaba teniendo un problema de salud, también a raíz del consumo de tabaco. Wolverine no era el único fumador. Marvel había tenido antes a otros personajes centrales que también fumaban: La Mole de *Los Cuatro Fantásticos*, Nick Fury, el agente de SHIELD, que en el cine fue interpretado por Samuel L. Jackson, y Gambito de los *X-Men*. De hecho, entre 1930 y 1950, cuando las revistas apuntaban a un público exclusivamente infantil y adolescente, era común que los personajes aparecieran con sus cigarrillos encendidos y humeantes en la boca.

La prohibición definitiva de fumar para todos los héroes y villanos de Marvel llegó en 2015, cuando Disney se convirtió en su dueña.

La competencia de Marvel, DC Cómics (creadora de *La Liga de la Justicia* que inspiró a los abogados de Foley Hoag), tuvo algunos personajes que fumaron, pero eran secundarios, como el Comisionado Gordon en *Batman* o Lobo, un antihéroe que estuvo de moda en la década de los noventa. Quizás el fumador más icónico de DC era John Constantine, un hombre de traje, un detective a simple vista, conocido por su cinismo, su astucia despiadada y un consumo empedernido de tabaco. Constantine también era un humanista, un hombre con el deseo sincero de hacer algo bueno en su vida, un brujo de la clase obrera que luchaba contra los demonios. Los puristas podrán decir que Constantine no pertenece estrictamente al universo de superhéroes de DC, sino que sus cómics siempre fueron editados en un subsello llamado Vértigo, que publicaba cómics para adultos. Pero nadie podrá negar que la adicción al cigarro de Constantine fue un tema crucial. Incluso, en una de las historias más recordadas de este personaje le diagnostican un cáncer terminal de pulmón y para salvarse hace un pacto con tres demonios distintos.

En el programa televisivo *La noticia rebelde*[106] le preguntaron una vez a Roberto Gómez Bolaños, el creador y actor que dio vida al Chapulín Colorado, qué pensaba de héroes como Superman. Chespirito respondió que el heroísmo consistía en superar el miedo y que los héroes en general pierden, como siempre perdía el Chapulín Colorado, pero eso no importaba, porque de los héroes lo que triunfa algún día son sus ideas.

Poder soberano

Cuatro días antes de que el tribunal publicara el resultado del arbitraje, el presidente Tabaré Vázquez había pedido que le dejaran listo un traje en su despacho. Si perdía, se iba a poner ese traje y se iba a subir a un estrado, aunque no sabía qué iba a decir, porque no tenía un discurso preparado. Pero algo tenía que decir, porque iba a ser su derrota. La derrota de su vida.

A Vázquez sus amigos de la pesca le decían «culoncito». Era un grupo que se conocía desde que eran niños, todos hijos de padres pescadores. Ellos continuaron la tradición. Culoncito era suertudo, afortunado, Vázquez siempre pescaba sin importar lo difícil que estuviera el río. Ariel Bergamino lo cuenta y dice que su amigo era un tipo con una gran confianza en sí mismo y con la capacidad de transmitirles eso a los demás.

Bergamino empezó su amistad con Vázquez a finales de la década de los ochenta. Antes, si alguien le hubiera preguntado quién era este hombre, habría respondido que era un oncólogo que llegaba tarde y se iba temprano de las reuniones del Partido Socialista. Un hombre que se sentaba en la última fila sin decir una sola palabra. Bergamino dice que su partido es puritano, que entre sus blasones está el haberle dado al país rectores emblemáticos de la Universidad de la República, y que esa era su seña de identidad. Por eso a Tabaré Vázquez no se lo molestaba en aquel tiempo, porque iba a ser el próximo decano de la Facultad de Medicina: «No debía ser contaminado con la discusión política, no tenía que participar de los puteríos ni de la orgánica del partido, porque iba a conducir a la universidad hacia el siglo XXI. Estábamos en vísperas de las elecciones universitarias y él ya tenía los votos para ganar».

La izquierda uruguaya nunca había ganado una elección, y la última derrota en las urnas había sido reciente y dura: la mayoría de la población uruguaya había preferido mantener una ley que no permitía juzgar a militares y policías autores de graves violaciones a los derechos humanos durante la dictadura (1973-1985).[107] El Frente Amplio no contaba con muchos recursos económicos para la contienda presidencial. Lo poco que había estaba destinado a apoyar la fórmula integrada por el líder y fundador del partido, Líber Seregni,[108] y Danilo Astori. Los frenteamplistas suponían en ese entonces que Mariano Arana[109] sería el candidato al gobierno departamental de Montevideo, pero Arana tenía otros planes. No quiso, a pesar de que le insistieron hasta el final, y en la última reunión en su casa les dijo a los delegados del partido: «¿Y si ponen a este?». Arana señalaba una foto del diario que estaba arriba de la mesa. El señalado era Tabaré Vázquez. Bergamino nunca se animó a preguntarle si había sido sólo una casualidad, y tras la muerte de Arana esa duda ha quedado abierta para siempre. Pero ellos estaban desesperados, así que le hicieron la propuesta a Vázquez, que pidió unos días para pensar hasta que vino con una respuesta: «Acepto, pero les aviso que de temas municipales sólo sé cómo se pagan los tributos, así que necesito un equipo».

El equipo que armaron para la campaña electoral tenía tres personas. Una fue Bergamino. La primera reunión se hizo en el consultorio médico particular de Vázquez. Fueron los tres a escuchar al candidato, que no pensaba en la campaña y ya hablaba de lo que iba a hacer cuando fuera intendente. Después del encuentro el equipo se fue a comer una pizza en un bar y uno dijo: «Está loco, este cree que vamos a ganar».

La campaña fue «a pulmón». Cuando faltaban tres días para la elección, Bergamino recibió un llamado de Seregni: «¿Tiene todo pronto? ¿Tiene los dos discursos escritos, de victoria y de derrota?». Su respuesta fue que tenía uno solo, que perder no estaba dentro de las posibilidades y que Tabaré los había convencido. Seregni volvió a insistir en el día de la votación mientras esperaban los resultados en una vieja casona que funcionaba como sede del Frente Amplio. El líder del partido le pidió a Bergamino que fuera hasta el bar de la esquina a comprarle un sándwich caliente y a la vuelta le preguntó otra vez por el discurso de la derrota. «Yo tengo uno solo, general, tengo uno y es de victoria».

La recuerda como una noche preciosa. Bergamino dice que se fueron a la azotea de la casona a esperar las novedades. El responsable del centro de cómputos,

Miguel Brechner, les dio la noticia: «Tabaré, saliste intendente, tenés que bajar».

—¿Y qué digo? —Vázquez miró a Bergamino.

—No sé, decí que festejen, que festejen uruguayos, que festejen.

Bergamino tiene en su casa todos los discursos originales que escribió para Vázquez desde entonces, incluido el que hizo quince años después, cuando se convirtió en el primer presidente de izquierda de la historia de su país. Siempre escritos quince días antes de la ocasión, siempre entregados tres días antes para que Vázquez pudiera hacer sus ajustes. Cuando Bergamino llegó como embajador uruguayo a Cuba en 2010, Fidel Castro le hizo saber que quería conocerlo. El comandante lo esperaba en el umbral de su casa sin bastón y ayudado por un asistente. Quizás fumaba uno de sus habanos. Bergamino recuerda hasta hoy las primeras palabras que escuchó: «Así que tú eres el que le escribe los discursos a Tabaré». Ese día no hablaron de diplomacia. Fidel quería saber de qué estaba hecha esa relación entre Vázquez y su secretario político: «Yo venía de la Facultad de Humanidades, era licenciado en Historia, y trabajar con Tabaré fue un choque cultural, porque él era metódico, estructurado, y yo tenía un pensamiento más arborescente. Creo que a lo largo de los años hubo algo de quijotización de Sancho y sanchización del Quijote».

Andrea Barrios y Eduardo Jiménez de Aréchaga se juntaron a esperar el resultado del juicio en las oficinas del Programa para el Control del Tabaco, en la Ciudad Vieja de Montevideo, donde también estaban Winston

Abascal y Ana Lorenzo. Antes compraron sándwiches y masitas. Después enviaron un mensaje a los abogados de Estados Unidos, les preguntaron si sabían algo, pero nadie les contestaba. Cuando llegaron al lugar se fijaron en la página web de la Presidencia uruguaya para ver si había noticias. Pensaron que, tal vez, Tabaré Vázquez ya lo había anunciado. Se comieron los sándwiches y las masitas. Conversaron sobre el caso, se cansaron de esperar y se fueron.

Barrios y Jiménez de Aréchaga caminaron juntos hasta el Café Brasilero, el lugar que dicen vio nacer *El pozo* (1939), la primera novela del escritor Juan Carlos Onetti, que en sus páginas muestra a un hombre que está aburrido, que camina por su habitación y piensa en lo desconcertante que puede ser la vida mientras cae en la cuenta de que ni siquiera tiene tabaco. Como Onetti, cuando escribió esas páginas de un tirón.[110] El tabaco tiene la culpa de todo.

Los abogados se olvidaron del resultado que esperaban. Pidieron dos cafés. Se pusieron a preparar una consultoría. Se concentraron en el mundo de los hechos. Después pagaron y se fueron. Cuando iban por la vereda, Jiménez de Aréchaga recibió el mensaje de un amigo. Habían ganado. Los dos abogados corrieron al estudio, querían leer la sentencia, querían saber cuántas veces los habían citado los árbitros, porque las citas son importantes.

En ese momento, en Estados Unidos, Clara Brillembourg tenía en brazos al recién nacido Thomas. Los dos estaban en su casa desde hacía una semana, en la calidez de su living, hasta que sonó el teléfono celular.

La noticia era la misma. Las notificaciones no paraban, eran decenas de mensajes y un documento. Los archivos llegaban cortados o ella ya no entendía más lo que sucedía. Quería participar, preguntar, y no podía, entonces dijo basta: «Este caso era también mi bebé, lo cuidé desde el comienzo, desde su infancia hasta que terminó, le di mi afecto». Thomas se quedó con alguien. Brillembourg se subió al auto y pidió que le imprimieran el laudo en el estudio. Ya no había prisa para los abogados, pero ella iba a toda velocidad porque tenía sólo una hora de cuidados para Thomas. Sus compañeros no la habían visto desde el parto y cuando llegó todos la felicitaron. Ella se cuida de no hablar de su maternidad, porque no quiere que la vean como mujer o como madre, quiere que la consideren solamente una profesional. Hacerlo la pone incómoda, pero no hay remedio, dice, cuando cuenta esto: «Así fueron las cosas».

Eduardo Bianco es el único que cree haberse enterado del resultado del juicio cuatro días antes. En realidad, aclara que tenía una «percepción», porque alguien que trabajaba en la Torre Ejecutiva le había contado que el martes el presidente había grabado un discurso de victoria. Bianco duda, porque ese mismo día consultó a Patricia Sosa, de Campaign for Tobacco-Free Kids, y ella le dijo que no sabía nada, que no podía ser que Uruguay ya lo supiera.

Los uruguayos vieron a Tabaré Vázquez parado en el estrado el 8 de julio de 2016. Llevaba el mismo traje que había pedido que le dejaran listo por si tenía que decir unas palabras de derrota. Pero sus palabras eran de victoria. Su tono, sereno. Los hechos y el alma de los hechos. Vázquez había grabado el discurso ganador el martes, antes de conocer el resultado del juicio. Eso fue lo que Bianco supo unos días antes. Eso era lo que los uruguayos veían. Vázquez lo hizo así para que sus palabras fueran publicadas en la página oficial de la Presidencia, al igual que el laudo del juicio, que se compartió cuando apenas se supo el resultado. No quería perder tiempo para evitar que la tabacalera fuese la primera en dar la versión de lo que había pasado:

El Estado uruguayo ha salido ganancioso y las pretensiones de las tabacaleras han sido rotundamente rechazadas. En breve, una versión íntegra del laudo del tribunal arbitral será publicada en la página web de la Presidencia de la República y Uruguay y el mundo sabrán del satisfactorio resultado obtenido después de largos años de juicio.
Las medidas sanitarias que hemos implantado para el control del tabaco y sobre todo para la protección de la salud de nuestro pueblo han sido expresamente reconocidas como legítimas y fueron adoptadas en función del poder soberano de nuestra República.
En el curso del proceso, sostuvimos ante el Tribunal Arbitral que los compromisos internacionales que asume la República son siempre y en todos los casos honrados y respetados, sin perjuicio de reconocer que los acuerdos bilaterales de inversión deben ser interpretados a la luz de otras obligaciones internacionales de Uruguay, incluyendo la obligación de adoptar medidas activas para la protección

de los derechos de las personas, concernientes a la vida y a la salud.

Existiendo evidencia científica que, de manera irrefutable, prueba que fumar causa adicción y provoca una serie de enfermedades tales como cáncer de pulmón, enfisema pulmonar, insuficiencia cardíaca y accidentes cerebro-vasculares, entre otras, y que ha matado a más personas que las que murieron en los conflictos bélicos que el mundo padeció en el siglo XX; ante tal evidencia, decidimos instrumentar firmemente el Convenio Marco para el Control del Tabaco, ejerciendo el poder soberano que ostentamos para la defensa y promoción de la salud pública, mediante la adopción de regulaciones apropiadas contra el tabaquismo.

Uruguayas y uruguayos: a pesar de la victoria procesal que estamos comunicando, entendemos que un elevado espíritu de prudencia nos ordena que nuestra conducta no puede estar asociada al festejo ni a una postura triunfalista, porque en un litigio de esta naturaleza, donde las víctimas del flagelo central discutido se suman por millones, nunca habrá lugar para celebrar el resultado que nos da la razón. Nos limitaremos entonces a optar por una serena y respetuosa reflexión de los hechos, en homenaje al sentido mismo de la vida.

Sin embargo, ratificamos firmemente el compromiso de seguir la más frontal y directa lucha contra el consumo de tabaco, a fin de reducir, día a día, la pesada carga que esta epidemia pone sobre nuestro pueblo, y a no renunciar a la total instrumentación del Convenio Marco para el Control del Tabaco, invitando a las naciones a que se sumen al combate de este flagelo, sin temor a las represalias de las poderosas tabacaleras, tal como lo ha hecho Uruguay. Desde ahora, cuando las tabacaleras intenten moderar las regulaciones del convenio marco con la amenaza de un litigio, se encontrarán con nuestro precedente.

El laudo que se ha dictado amparando las medidas sanitarias adoptadas por nuestra República muestra al mundo que para Uruguay no hay valor más importante que la vida, ni actitud más sagrada que la protección de la salud de sus habitantes.

El que pierde paga

Era el final del ataque que Philip Morris había iniciado en 2010. El tribunal había desestimado todos los reclamos de la empresa y la condenó a hacerse cargo de (casi) todos los costos del arbitraje, aplicando el principio de «la parte vencida paga». Eso era lo justo y razonable si se tenía en cuenta la desproporción que había entre ambos.

El tribunal, en su sentencia, obligó a la tabacalera a reintegrar al Estado uruguayo siete millones de dólares y, además, le exigió hacerse cargo de los gastos del CIADI y de los honorarios de los árbitros.[111] Al final, el juicio le costó a Philip Morris 25.391.758 dólares, cuando había demandado a Uruguay por una indemnización de 22 millones de dólares. Mientras tanto, a pesar de haber ganado, al Estado uruguayo le costó más de tres millones de dólares defender su política antitabaco, porque los millones que recibió no alcanzaron para cubrir todos los gastos.

En resumen, el tribunal reconoce en el laudo que Uruguay no pudo probar que las medidas de su política antitabaco fueran la causa directa del descenso significativo en la cantidad de fumadores que registraba el país, pero, a pesar de esta ausencia de causa-efecto, sí quedó probada la «buena fe», que se fundamentó en aras de proteger el bienestar público, tal como se estableció en el convenio marco de la OMS. Para el tribunal, las medidas aplicadas por el gobierno fueron «un medio potencialmente efectivo» para la protección de la salud pública, porque, si bien es casi imposible demostrar el impacto de cada una de las medidas en forma aislada, la incidencia del cigarrillo en Uruguay disminuyó, en particular, entre los jóvenes fumadores.

Aunque con una discordancia parcial, los árbitros consideraron que Uruguay había actuado conforme al derecho y a los convenios internacionales, ya que las regulaciones estuvieron lejos de privar a la tabacalera del valor de su negocio. El resultado del juicio reconocía la posibilidad que tienen los países de priorizar las políticas públicas por sobre los derechos patrimoniales y específicamente los derechos de marcas de los inversores, siempre y cuando las medidas sean razonables. En este caso, como dijo Uruguay, se impuso la defensa de los habitantes de la República y su derecho a ser protegidos en el «goce de su vida», por encima del «goce de las inversiones».

La batalla entre Uruguay y Philip Morris fue simbólica. Hubo un ataque, una pelea en el territorio internacional, un cuerpo a cuerpo en el CIADI. Los dos intentaron defender un orden, cambiar, conservar, limitar al otro. No era un juicio solamente por dinero, porque la suma en disputa era irrisoria para la empresa. Philip Morris quería dar una señal. Tal vez por eso perdió el juicio. La economía y la técnica, que parecen gemelas, intentan clausurar los procesos simbólicos. El mundo económico no piensa en el amor, en la enfermedad, en la muerte. La técnica sólo se hace más sofisticada y es capaz de transformar un tabaco en un cigarrillo y un cigarrillo en un vapeador. La técnica no defiende la vida. La política dice que sí.

La tumba

> «*El humo no mata, acompaña hacia la muerte.*
> *Es el complemento de todos los placeres de la vida:*
> *el único vicio que podemos llevar puesto a cualquier*
> *hora del día. Svevo fumó toda su vida, lástima que,*
> *pobre hombre, muriera sano como un pez,*
> *a los 67 años en un accidente de auto.*
> *Los autos matan más que el tabaco».*
>
> ROCCO ALESINA, EN EL PRÓLOGO DEL LIBRO *DEL PLACER Y DEL VICIO DE FUMAR*, DE ITALO SVEVO.

Muerte natural

Ariel Bergamino dice que Tabaré Vázquez es una de las personas que mejor supo administrar su muerte. Vázquez se hacía controles de rutina todos los años, siempre en el mes de julio. En 2019 se enteró por su médico de que los resultados no habían sido buenos. Aunque esa no fue la peor noticia que recibió: su esposa, María Auxiliadora Delgado, murió de manera imprevista en esos días. Bergamino recuerda que lo visitó un mes después en su casa. Vázquez le contó el resultado de los análisis, y le dijo: «Menos mal que Mari no va a ver esto».

En Uruguay el Estado administra las muertes. La ley dice que nadie se ha muerto si no existe un certificado de defunción, si no hay un doctor que establezca las causas de manera diligente, precisa, veraz y exhaustiva. Para el Estado, las personas mueren por causas naturales, violentas o indeterminadas.

Vázquez tenía cáncer de pulmón y se iba a morir el 6 de diciembre de 2020. Una muerte natural a causa de la enfermedad que Richard Doll, quizás el epidemiólogo más importante de la historia, demostró que podía ser causada por el consumo de cigarrillos a partir de mediados del siglo xx.[112]

En enero de 1948, alertado por expertos en estadística del gobierno inglés sobre un aumento de muertes por cáncer de pulmón, Doll fue encomendado a analizar si era posible identificar una causa. Nadie pensaba hasta entonces que las muertes podrían estar relacionadas con el tabaco, porque fumar parecía un hábito normal e inofensivo, que incluso era recomendado por algunos médicos. Doll trabajó junto a Bradford Hill, el creador de los «criterios». Ambos pensaron al principio que la causa más probable del aumento de muertes podría estar relacionada con la contaminación en el aire por el hollín de las chimeneas o por los humos de los escapes, debido a la expansión de la industria automotriz.

Doll y Hill realizaron un pequeño cuestionario a 650 pacientes hombres en hospitales de Londres para saber si existía una asociación entre fumar y el cáncer del pulmón. Los pacientes encuestados acababan de ser ingresados con la sospecha de padecer cáncer de pulmón, hígado o intestino, pero a ninguno se les había mencionado el diagnóstico preliminar para evitar que eso influyera en las respuestas. Por otro lado, los investigadores aplicaron el mismo cuestionario a los pacientes con otras enfermedades. El resultado de este trabajo mostró que todos los pacientes fumadores tenían cáncer de pulmón. Doll y Hill replicaron su investigación en Bristol, Cambridge, Leeds y Newcastle. Los primeros hallazgos se confirmaron y fueron publicados en el *British Medical Journal*.

Sin embargo, el comité de cáncer del Departamento de Salud británico no estaba convencido de los resultados y pensaba que instar a la gente a dejar de fumar podría originar un pánico masivo. Hasta que el 12 de febrero de 1954, el ministro de Salud, Iain Macleod, anunció en conferencia de prensa, mientras fumaba un cigarro tras otro, que el gobierno aceptaba la relación entre el tabaco y el cáncer de pulmón.

La obsesión de Tabaré Vázquez, cuando se enteró de que estaba enfermo, fue llegar con vida al traspaso de mando, que se haría seis meses después, en el mes de marzo. En las reuniones con sus ministros, el presidente les decía que estuvieran tranquilos, que iba a poder, aunque a veces se quedaba parado porque no soportaba el dolor. Como oncólogo, Vázquez había administrado la muerte de otros y ahora le tocaba hacerlo con la suya. Bergamino, que era su ministro de Relaciones Exteriores en ese momento, viajó con él a México y lo vio de pie en la cabina del avión durante grandes tramos; lo vio caminar por el pasillo porque el dolor no le permitía estar sentado. Un mes antes de la muerte, los amigos tuvieron su última charla telefónica. Bergamino se emociona cuando lo recuerda: «Fue una despedida, aunque ninguno de los dos se animó a decir nada. Tabaré tenía espalda para aguantar, pero no nació con esa espalda, tuvo que aprender».

Vázquez había estudiado en la Universidad de la República, en la Facultad de Medicina y en el Hospital de Clínicas, como miles de médicos uruguayos que completan su formación año tras año. Miles que atienden a otros miles en consultas y servicios públicos especializados de alta complejidad mientras aprenden. Lucía Delgado también se formó ahí. Ella ingresó como residente en la década los años ochenta, cuando era común que se fumara en los ateneos, en los cuartos de reuniones, en los hospitales pediátricos. Delgado también lo hacía, aunque aclara que había diferentes tipos de conciencia en relación al tabaco y los médicos fumadores defendían su derecho a fumar con el argumento de que los datos epidemiológicos no demostraban causa-efecto: «En esa discusión se murieron muchas personas, en la puesta en duda de datos que eran tan contundentes, y en eso tuvo mucho que ver la industria tabacalera, que cuestionaba con publicaciones científicas lo que se decía sobre el impacto del cigarrillo en la salud. La industria no solo generó daño con su producto, sino que también lo hizo al impedir que la población tomara conciencia del daño».

Lucía Delgado dejó de fumar y dedicó su vida profesional a estudiar el cáncer. Fue profesora de la Cátedra de Oncología Clínica, el máximo grado académico en la especialidad en la Universidad de la República.[113] En las últimas décadas, cada vez que iba a un congreso y le preguntaban sobre la política antitabaco de Uruguay, su respuesta siempre era la misma: «Es que tuvimos un presidente oncólogo».

Delgado fue parte del entorno de Tabaré Vázquez. Pudo conocer al médico, al político y también al que contaba anécdotas en los asados, que tomaba vino y era afable. A veces, juntos recordaban esas épocas en las que se fumaba en los hospitales y Vázquez le decía: «¿Vos sabés todo lo que yo he fumado indirectamente en mi vida, en las reuniones del Clínicas, en las reuniones políticas?».

En 2005, la prohibición de fumar en los lugares cerrados sacó definitivamente el humo de los hospitales. Delgado recuerda que las puertas de entrada se llenaron de médicos y enfermeros que salían a pitar. Afuera los pisos se minaron de colillas y adentro sólo quedaron los «irreductibles», los que se encerraban en sus escritorios o se escondían debajo de las escaleras para prender su cigarrillo: «El Estado siempre es visto como un elefante bobo, pero en este caso no fue así, en este caso fue la locomotora del cambio».

Los gobernantes también administran la muerte con sus decisiones sobre los recursos y los espacios. En Uruguay existe un sistema público de Estadísticas Vitales, que registra la causa básica y la causa final de muerte. La causa básica es la enfermedad, la lesión, el suceso que da inicio a los acontecimientos que terminan con la muerte de una persona. La causa final es el último eslabón de la cadena. Cuando los gobernantes piensan las políticas de salud, cuando los médicos hablan con los pacientes, se proponen incidir sobre las causas básicas para evitar la causa final.

Algunas tabacaleras también pensaron en esto durante años. Fritz Gahagan, que fue consultor de marketing para la industria, dijo en 1988: «El problema es ¿cómo vender la muerte? ¿Cómo vender un veneno que mata a 350.000 personas por año, mil personas por día? Se vende con grandes espacios al aire libre... las montañas, los lugares abiertos, los lagos llenos de agua hasta la orilla. Se logra con gente joven y saludable. Se logra con atletas. ¿Cómo pensar que una bocanada de humo podría causar daño alguno en una situación como esa? Imposible, hay demasiado aire puro, demasiada salud –demasiada exudación de juventud y vitalidad– así es como lo logran».

La escritora Cristina Peri Rossi supo que iba a fumar cuando era una niña y conoció otro paisaje, mientras caminaba con su madre por las calles de Montevideo. Precisamente, lo supo una década antes de la campaña de Virginia Slims, al ver algo que sucedía en el céntrico bar Grand Palace:

> *Vi a aquella mujer sola, vestida con pantalones negros, blusa blanca y fumando un cigarrillo, puedo jurarlo, era la primera vez que veía a una mujer fumando, y me dije a mí misma, yo voy a ser esa mujer que fuma, sola, sentada ante una taza de café mientras mira crecer la noche, mientras observa el tránsito de la calle y sueña con otros paisajes, sueña con citas apasionadas que van a ocurrir poco después.*

Peri Rossi escribe esto en su ensayo *Cuando fumar era un placer*,[114] que se publicó cuando la OMS aprobó el Convenio Marco para el Control del Tabaco. El libro narra su relación de cuarenta años con el cigarrillo, la que más tiempo le duró en su vida, en ese Uruguay donde las mujeres decentes no se emborrachaban como los hombres, no viajaban solas, no tenían amantes. Ella empezó a fumar con su padre, como su padre:

> *Las mujeres no iban solas a los bares, no usaban pantalones, no fumaban, ni eran libres e independientes, por lo menos las mujeres que yo conocía, las de mi familia y mi*

clase social. Ni siquiera cuando trabajaban, y en Uruguay se habían incorporado al trabajo y a la universidad a principios del siglo XX gracias a un Estado protector, una especie de socialismo de corte liberal, que creó una serie de leyes de discriminación a favor de la mujer. Por ejemplo, una mujer que hubiera tenido un hijo podía jubilarse con sólo un año de trabajo. Mi madre me explicó que fumar era un vicio, pero un vicio masculino, cosa que yo ya había observado. En mi familia sólo fumaban los hombres, empezando por mi padre, que inhalaba una cajetilla de Unión por día, tabaco rubio de fabricación nacional.

Ese Estado protector que menciona Peri Rossi tiene su origen a principios del siglo XX con las presidencias de José Batlle y Ordóñez, primero desde 1903 a 1907 y, sobre todo, en la segunda de 1911 a 1915. El hijo de Amalia Ordóñez y del general Lorenzo Batlle, que también fue presidente (entre 1868 y 1872), hizo la universidad pero no la completó. Después, con veinticuatro años, se fue a Europa e hizo algunos cursos de filosofía en París hasta su regreso definitivo a Uruguay. José Pedro Barrán, el historiador, se refiere al legado de Batlle en el segundo tomo de su *Manual de Historia del Uruguay*, que escribió junto a Benjamín Nahum. Batlle fue periodista, fue político, fue parte del militarismo decadente, fue diputado, se acercó a lo popular, se alejó de los doctores patricios, hizo campaña política y se convirtió en presidente.

El batllismo es responsable en Uruguay de la temprana separación entre la Iglesia y el Estado. También hizo modificaciones a la jornada laboral llevándola a ocho horas, estatizó el banco de la República; estableció una ley de divorcio por la sola voluntad de la mujer; promovió un proyecto de ley sobre pensiones a la vejez para contemplar a los mayores de sesenta y cinco años que se encontraban en la indigencia; fijó una indemnización por despido; propuso extender la gratuidad de la educación a la enseñanza secundaria y luego impulsó la extensión de la educación secundaria y universitaria de las mujeres. Sin embargo, Batlle no pudo con el tabaco cuando intentó crear un monopolio estatal en 1913, con el objetivo de combatir el contrabando, que se calculaba ascendía al 30% del consumo total. Esa idea no prosperó por las dificultades financieras del Estado y nada tuvo que ver en esto la salud o la mirada sobre el consumo de sustancias que existía a principios del siglo XX. Uruguay era un país donde el extracto de cannabis, los cigarrillos de cannabis índica, el clorhidrato de cocaína, las hojas de coca, el opio y sus derivados (entre ellos morfina, heroína y láudano) se utilizaban terapéuticamente y también para la recreación.[115]

Los primeros grupos que comenzaron a preocuparse por el consumo de sustancias fueron las asociaciones religiosas de Estados Unidos, entre ellas, las sociedades para la Supresión del Vicio, la Anti Saloon League, el Prohibition Party y otros grupos de discurso moralista. De hecho, en las reformas impulsadas por el batllismo los médicos jugaron un rol importante, porque fueron aliados de la presidencia para retirar a las jerarquías eclesiásticas de los hospitales e incorporar a los médicos positivistas, que desplazaron a los curas y las monjas en el tratamiento de las epidemias.

Una década después, las reformas del batllismo se vieron interrumpidas por la dictadura de Gabriel Terra, que llegó al poder con un discurso higienista, que propugnaba el control del cuerpo y de las costumbres sociales, con observaciones médicas sobre el consumo de sustancias, que asociaba a delitos o conductas de «riesgo» como la prostitución. En ese contexto se creó una Liga contra el Alcoholismo, una ley de represión al alcoholismo y una Inspección General del Alcoholismo, con el objetivo de suprimir conductas que ponían en riesgo la moral de la sociedad. Además, el Estado monopolizó el comercio, la fabricación y venta de las sustancias controladas y creó el Ministerio de Salud Pública (MSP) en 1934, para que fuera la «policía» de los «vicios sociales». Los médicos de la época relataban fenómenos asociados al consumo de drogas y hablaban de la «macabra farándula que azotaba a la humanidad», provocadora de «la degeneración individual, la decadencia de la raza» y hasta la pérdida de los más nobles sentimientos («el amor a la familia y el amor a la patria»).

Las reformas liberales de Batlle y las reformas conservadoras de Terra tuvieron en común que se hicieron con el impulso médico a favor, porque como dice Nick Naylor, el lobista de las tabacaleras en el libro *Gracias por fumar* (1994), siempre es más fácil hacer cambios cuando la medicina está de tu lado. El Estado puede ser la locomotora, pero nada crece sin los movimientos sociales y los cambios culturales.

Peri Rossi cuenta en su ensayo que ella, siendo una niña, no sabía que iba a pertenecer a una generación de mujeres que se saltaron todos los tabúes, una generación entera que reclamaría la igualdad con los hombres, el reparto del poder, el usufructo libre de su cuerpo, de su trabajo, de su tiempo, las píldoras anticonceptivas, el derecho al aborto, al divorcio, a la igualdad del salario, y que también se entregaría al vicio de fumar de manera pertinaz y empecinada. Peri Rossi supo que quería tener vicios cuando vio a aquella mujer en el Grand Palace y dice que treinta años después hizo suyo el eslogan que las feministas esgrimieron: «Las chicas buenas van al cielo, las malas a todas partes».

La escritora uruguaya cita en su libro a Moncho Alpuente, periodista y humorista español, que publicó en 1988 un libro que se llamó *Sólo para fumadores*. Alpuente hacía en ese momento una descripción de cómo iba a ser el joven del año 2000:

> *Correrá al menos una vez al mes en multitudinarias maratones populares; se alimentará de salvado, avena, alfalfa y otros piensos naturales; beberá zumos de frutas y derivados lácteos; acudirá a trote ligero a su centro de estudios opuesto del trabajo; será monógamo, abstemio y no fumador, y en sus ideas políticas se mostrará moderado y pragmático, conservador y liberal. Detestará las emociones fuertes y los cambios de ritmo imprevistos; tendrá los dos pies sobre el suelo y cultivará con celo su cuenta de ahorros. La salud y el dinero serán sus valores supremos; en el sexo preferirá la fecundación in vitro y los embriones congelados; será*

narcisista e individualista dentro de un orden; amará la regla frente a la excepción; desconfiará de los rebeldes y de los profetas, y rendirá culto a los sondeos y pleitesía a las estadísticas.

En su ensayo, Peri Rossi cuenta que un día dejó de fumar:

Nunca lo consideré como un triunfo, sino como una pérdida. La vida me gustaba más con humo, pero es verdad que subo y bajo mejor las escaleras, respiro con mayor facilidad, he dejado de toser, de expectorar, mi hipertensión ha disminuido y la isquemia cardíaca que padecía ha desaparecido. En cambio, me siento mucho más sola. En ciertos momentos de angustia o de alegría, todavía hago el gesto instintivo de buscar la cajetilla para compartir con el cigarrillo mi dolor o mi contento. Desde que he dejado de fumar gozo de mejor salud, es cierto, pero me falta algo. Algo que me acompañó sin fallar nunca durante cuarenta años; algo que era mío y sólo mío, aunque a veces, en un gesto de complicidad, invitación o amor, estuviera dispuesta a compartirlo.

Hasta que la muerte nos separe

El tabaco es una planta (*Nicotiana tabacum*) de hojas hermosas y grandes como un pulmón verde, con pequeñas flores rosadas blanquecinas. Una planta delicada que conoció las manos de los indios en tierras que después se llamaron México o Brasil y que, a partir del siglo XVIII, con el impulso de los españoles, floreció en Cuba y fue sembrada en otras tierras del mundo, desde Estados Unidos a China.

La nicotina es uno de los principales componentes del tabaco. Su nombre se debe a Jean Nicot, un embajador francés en Portugal, que había conocido el tabaco proveniente de Brasil y se lo recomendó a Catalina de Médici para curar su migraña. Fue un éxito inmediato. Al poco tiempo la región andaluza de España se convirtió en el primer epicentro del cultivo de tabaco europeo. Nació el mito de Las Cigarreras de Sevilla, se comenzó a producir un tabaco fino y elegante que cruzó fronteras. En 1725 se construyó la famosa Real Fábrica de Tabacos de Sevilla, la primera en Europa, pionera en la organización de sus obreros, que contaban con novedades mecánicas, mejoras en las condiciones laborales y derecho a la jubilación.

Ahora el edificio de la Real Fábrica de Tabacos de Sevilla es la sede de la universidad pública, y en el mundo los chinos son los que más tabaco plantan, producen y fuman.[116] El dragón ha logrado su expansión con la creación de la China National Tobacco Corporation (CNTC), un monopolio estatal fundado en 1982. Una década después, la CNTC firmó el primero de varios acuerdos con Philip Morris y le permitió a la empresa estadounidense vender sus productos en su territorio.

Aunque la CNTC es actualmente la mayor empresa tabacalera del mundo, se sabe relativamente poco sobre sus operaciones globales o su influencia fuera de China, en comparación con otras tabacaleras transnacionales. Esta empresa estatal ha trabajado durante las últimas dos décadas para expandir su alcance global mediante acuerdos con empresas subsidiarias, plantaciones de tabaco y mercados minoristas en todo el mundo. Una expansión que forma parte de La Franja y la Ruta del gobierno chino.[117] China tiene socios como Argentina, Brasil, Kazajistán, Malawi, Zimbabue y Zambia, que realizan año tras año exportaciones millonarias de hoja de tabaco para el consumo en su mercado interno.[118]

La marca más popular de cigarrillos en China se llama Doble Felicidad y en una de sus cajas se guarda una miniatura de fotolibro: *Hasta que la muerte nos separe*, del artista francés Thomas Sauvin.[119]

Las fotos analógicas contenidas en el libro muestran una tradición: la novia enciende un cigarrillo para cada uno de los hombres presentes en la boda, como forma de agradecer y de comprender que el amor y la muerte van de la mano. Los protagonistas son personas anónimas en medio de sus fiestas. En una foto los novios sonríen. Humeantes. En otra, los novios perforan una botella de plástico de Sprite con ocho cigarrillos que se encienden y ellos se los fuman todos a la vez desde el pico. Otra foto muestra a una novia que reparte cigarrillos a los invitados. Ahora todos fuman. Hasta un bebé lleva un cigarrillo en la boca mientras el abuelo ríe y los novios se besan.

Los cigarrillos jugaron este papel en las bodas chinas de los ochenta y noventa, pero ahora la costumbre está desapareciendo lentamente y Sauvin dice que su libro pasará a ser una «pieza de historia, escrita por gente común» sobre una costumbre moribunda. Una tradición contada con imágenes que tienen algo en común con la famosa foto de Mao Zedong en blanco y negro, tomada en 1957, donde se lo ve en un sofá, rodeado por un grupo de mujeres jóvenes de la Liga de la Juventud Comunista, que lo ayudan a encender un cigarrillo. Mao Zedong era un fumador severo que le prometió a sus tropas comida, refugio y tabaco durante la Revolución Comunista. Un fumador que, cuando era advertido por su médico de los efectos nocivos del cigarrillo, respondía que fumar era también «un ejercicio de respiración profunda».

La colección de imágenes de *Hasta que la muerte nos separe* se expuso en el Centro Pompidou en el año 2019. La historia de Sauvin, el autor, fue contada por el *New York Times* en 2013, por la revista *Time* en 2015 y cada tanto alguien la cuenta de nuevo.

Sauvin creció en París, mirando las fotografías de Marc Riboud,[120] cuyo hijo era Theo, su amigo de la infancia. En su juventud se fue a vivir a Pekín, donde un día se encontró con una colección gigante de negativos de fotos en una planta de reciclaje. Las imágenes, que estaban destinadas a ser destruidas, fueron transformadas por Sauvin en un archivo, Beijing Silvermine, uno de los más grandes de China, con 850.000 fotos anónimas que abarcan el período de 1985 a 2005. Una reconstrucción analógica popular en la era de la digitalización y la abundancia.

En *Smoke*, la película de Paul Auster y Wayne Wang, hay una escena en la que Auggie Wren le muestra a Paul, el escritor, que todos los días sacaba la misma foto en la esquina de su tienda de cigarros. Las imágenes parecen idénticas, siempre el mismo encuadre de la calle tres con la Séptima Avenida a las ocho de la mañana, más de cuatro mil fotografías etiquetadas con la fecha en la esquina superior derecha. Auggie está orgulloso. Nunca se ha tomado vacaciones porque no quiere perderse un día, debe estar ahí, todas las mañanas a la misma hora: «Es mi proyecto, lo podríamos llamar la obra de mi vida. Es mi esquina, sólo una pequeña parte del mundo, pero también allí pasan cosas, igual que en cualquier otro sitio».

Paul pasa las fotos, va rápido, entonces, Auggie le dice que así nunca lo entenderá. Paul le responde que son todas iguales, pero Auggie sabe que no es así: «Cada una es diferente de todas las demás. Tienes mañanas luminosas y mañanas sombrías. Tienes luz de verano y luz de otoño. Tienes días laborables y fines de semana. Tienes gente con abrigo y botas impermeables y gente con pantalones cortos y camiseta. A veces son las mismas personas, otras veces son diferentes. Y a veces las personas diferentes se convierten en las mismas y las mismas desaparecen. La tierra da vueltas alrededor del sol y cada día la luz del sol da en la tierra en un ángulo diferente».

Paul escucha a Auggie y sigue mirando hasta que en un momento se detiene en una foto: «Dios, mira. Es Ellen». Era su esposa, muerta por culpa de una bala perdida. Auggie le responde que sí, que es ella, que han pasado muchos años, que seguramente iría caminando al trabajo. Paul llora y dice: «Es ella, mira, mi dulce amada».

Hasta que la muerte nos separe se trata de la vida. Cuando Sauvin empezó a trabajar en su proyecto, sus amigos pensaban que era una idea aburrida, porque aquellas eran fotos familiares, rescatadas de la basura, de tantas vidas diferentes que contaban historias parecidas, sin fechas y con peinados de moda. Fotos repetidas, poco espontáneas e igualmente íntimas. Fotos que le rompieron el corazón a Sauvin cuando las vio tiradas en la basura. La historia de *Hasta que la muerte nos separe* se parece a la expresión inglesa «one man's trash is another man's treasure» (la basura de uno es el tesoro de otro).

El eterno retorno

En *Seda,* Hervé Joncour recorre miles de kilómetros desde Europa hasta Asia, de Francia hasta el fin del mundo (Japón). Joncour hace la ruta de los chinos porque es un vendedor de gusanos de seda, y en ese viaje descubre que la vida es un espectáculo leve y que en ella se puede morir de nostalgia por algo que no viviremos nunca. Alessandro Baricco, el célebre autor de este libro que se nutre de la mitológica ruta de los chinos, dice que sus páginas publicadas en 1996 sólo tienen una historia, que no puede ser llamada novela ni cuento, porque cuando no hay palabras para decir las cosas las decimos con historias.

En tiempos de pandemia, en noviembre de 2020, la farmacéutica estadounidense Pfizer y la alemana BioNTech presentaban los resultados exitosos de su vacuna contra la COVID-19. Un mes después, Gran Bretaña se convertía en el primer país en aprobar el uso de esta vacuna y sus pasos eran seguidos por Estados Unidos y la Unión Europea.

El mundo llevaba casi un año de cuarentenas. Obligatorias, voluntarias, insoportables. En el sur era verano y en el norte invierno, pero daba igual porque en (casi) todas partes las personas estaban encerradas, miraban monitores con cifras de enfermos y muertos, escuchaban a matemáticos hablar de contagios, con gráficas de pronósticos acompañadas de la palabra «exponencial». El miedo, la crispación, el horrible futuro que esperaba, todo crecía con impulsos exponenciales. Las personas ya no corrían, pero los laboratorios y los Estados sí. Era una carrera por las dosis de las vacunas, mientras aparecían grupos pro y anti, ambos autoproclamados protectores de la vida, que acusaban a los otros de estar a favor de la muerte. Había gobiernos y gobernantes de la vida y de la muerte. El sálvese quien pueda parecía la norma. Entonces, la OMS decidió crear un fondo común, solidario, para que los países con menos recursos pudieran contar con vacunas como las de Pfizer, pero la iniciativa fue un fracaso. Las vacunas fueron adquiridas por la mayoría de los países desarrollados y algunos que pudieron colarse en la pelea.

En enero de 2021, el presidente uruguayo Luis Lacalle Pou anunciaba que había comprado dos millones de dosis de vacunas de Pfizer-BioNTech. El país se convertía en una excepción del sur. Las vacunas iban a llegar en marzo y el contrato firmado con la empresa era confidencial. Sucesivos pedidos de acceso a la información pública sobre el contenido del acuerdo fueron rechazados en los días posteriores, pero eso no pasó solamente en Uruguay. El secreto de los negociados por las vacunas es actualmente un patrimonio de la humanidad. Lacalle Pou explicaba esto en una conferencia de prensa, mientras le agradecía al abogado Nicolás Herrera, el mismo que había sido testigo de Philip Morris en el juicio: «Ha habido gente que ha trabajado muchísimo y que merece ser reconocida. Gente que no participa del gobierno y yo sé que ahora cuando los nombre no les va a gustar, pero me parece justo nombrar a Nicolás Herrera, que ha trabajado codo a codo con el gobierno. Da gusto tener uruguayos comprometidos con el país y que sin tener que hacerlo han dado una mano muy grande».

Dos meses después, en marzo de 2021, Uruguay comenzaba a vacunar a su población contra la COVID-19 con vacunas chinas (Sinovac), mientras esperaba la llegada del envío de Pfizer. Al mismo tiempo, el presidente Lacalle Pou decidía habilitar el registro y la venta de los productos de tabaco calentado,[121] que habían sido prohibidos por el gobierno de Tabaré Vázquez. En este caso no hubo anuncio ni conferencia de prensa. El cambio era justificado en base a que existían «datos científicos» de que estos dispositivos generaban una menor exposición de los usuarios a las sustancias tóxicas asociadas al consumo tradicional de tabaco. En el decreto, la Presidencia planteaba que lo hacía porque era un deber del Estado «velar por la salud de su población, buscando herramientas para dar respuestas a la epidemia del tabaquismo, incluyendo las alternativas ofrecidas a partir del desarrollo de nuevas tecnologías en la industria».

Mientras el mundo se vacunaba, unos meses después de la aprobación de este decreto en Uruguay, un grupo de representantes de la industria le solicitaba una reunión a la Comisión Nacional de Control del Tabaco del Ministerio de Salud de Panamá. El mecanismo del país centroamericano era similar al que aplicaba el ministerio de salud uruguayo. No se permitían reuniones a solas de la industria tabacalera con el ministro, así que todos los encuentros tenían que ser concedidos por esta comisión en lo que se denominaba «cortesía de sala».

El encuentro entre las autoridades panameñas y la industria se llevó a cabo un martes con la coordinación de la epidemióloga Reina Roa. Los representantes de la tabacalera llegaron a la reunión con un equipo de científicos que hablaban en inglés y rápidamente fueron advertidos por la comisión de que todas las conversaciones tenían que ser en español, porque la lengua oficial de Panamá era el español y, si lo necesitaban, podían usar una traducción. Fueron cuarenta y cinco minutos donde los voceros de la industria presentaron avances en las investigaciones sobre productos de tabaco calentado y se refirieron a los progresos legislativos en la región. El caso de Uruguay fue la novedad. El país que le había ganado a Philip Morris ahora tenía una nueva mirada sobre el asunto: aceptaba el tabaco calentado. Roa lo recuerda bien: «Sabían que era un país serio, con una trayectoria en el tema de control del tabaco que nosotros también hemos acompañado, y nos quisieron vender un cambio en la política, nos quisieron decir, pues, Uruguay se dio cuenta de que tenía que cambiar y mientras eso sucede Panamá sigue teniendo políticas equivocadas que no favorecen a la salud de la gente, que van en contra de la salud pública».

La historia sigue. En junio de 2022, Panamá le mostraba a la industria que no iba a ceder y extendía a las compras por internet sus prohibiciones de comercialización de cigarrillos electrónicos, vaporizadores, calentadores de tabaco y otros dispositivos similares, con o sin nicotina. El gobierno panameño sólo se mostraba dispuesto a regular la utilización de estos productos en lugares públicos y espacios comunes para aquellas personas que los hubieran comprado en el exterior, pero no querían que ingresaran solos por la aduana. Roa dice que la política antitabaco en su país es una cosa extraña, porque ha trascendido en el tiempo, independientemente de los gobiernos, que no han sido todos de la misma visión política: «Ha tenido consistencia, a veces con más fuerza, otras con un poco menos, pero una cosa importante es la sostenibilidad. Creo que nos ha ayudado que la industria haya demandado al Ministerio de Salud en el proceso de implementación del Convenio Marco en más o menos diez ocasiones, y nosotros nos hemos defendido diciendo que este es un tratado que habla sobre los derechos humanos, sobre la salud y la vida. Lo que hemos implementado se ha acompañado de un descenso de la prevalencia en el uso de productos de tabaco en nuestro país, el consumo de tabaco ahorita mismo es del 5%. Entonces, eso es una ventaja, porque al momento de querer cambiar cosas nosotros tenemos un resultado que es visible».

Unos meses después, en setiembre de 2022, el gobierno de Lacalle Pou les permitía a las tabacaleras volver a empaquetar cigarrillos en las cajas blandas,[122] algo que había sido prohibido por la administración de Tabaré Vázquez. En el nuevo decreto, la Presidencia justificaba el cambio en base a que la caja blanda había sido tradicionalmente la de mayor venta en el mercado uruguayo y le había permitido a la industria competir más efectivamente con el contrabando. Al enterarse del cambio, la Comisión Interinstitucional Asesora para el Control del Tabaco y el Programa Nacional de Control del Tabaco, que son los encargados de asesorar al gobierno en este tema, le enviaron un informe técnico al Ministerio de Salud Pública que contradecía los argumentos del presidente.

Unos días después, el presidente Lacalle Pou llamaba «panfletarios» y «básicos» a quienes cuestionaban su medida: «Otra cosa que les quiero decir sobre algunas ridiculeces que escuché, gente que decía "esto es para favorecer a la empresa Montepaz". ¡No, si me lo pidió una fábrica de chicles! Obvio, ¿quién se dedica a producir cigarrillos en Uruguay? Montepaz y, ¿quién le pidió esto al Ministerio de Industria? Montepaz. ¿Alguien cree que a nosotros nos van a mover por presiones? No nos conocen, es una falta de respeto. A veces lo que pasa es que algunos actuarían de esa manera, yo no, y creo que lo he demostrado».

Para el Programa Nacional de Control del Tabaco se acabó lo que se daba.

La pelea no se detuvo con el resultado del juicio. Al igual que sucedió en 2011 en Punta del Este, los Estados que suscribieron el Convenio Marco se reunieron en Panamá (2024) para la décima Conferencia de las Partes. En el medio pasaron seis encuentros similares donde la discusión sobre cigarrillos convencionales continuó, aunque ahora también se sumaron las disputas sobre tabaco calentado y los dispositivos de vapeo. Algunos países como Estados Unidos, República Dominicana, Cuba, Argentina y Haití, aún no son parte del convenio, pero igual discuten, aunque sin voto para definir acciones.

Reina Roa fue la anfitriona del encuentro en Panamá, donde los organizadores tuvieron que confiscar buzos que habían sido repartidos por la delegación de República Dominicana. Los suéteres, como les dice Roa, estaban en los ómnibus y en los hoteles en donde dormían los integrantes de las delegaciones. En el pecho se estampaba esta inscripción: «Puros premium. Patrimonio cultural intangible. Nuestro legado merece un trato diferenciado».

Roa dice que China pasó los días sin que se notara mucho su presencia, «agachada», al decir de los panameños. India y Brasil, ambos grandes productores de tabaco, se mostraron a favor de las medidas de salud pública, y el dúo Zimbabue y Guatemala ejerció su rol de contra histórico de las medidas. Otros como Cuba estuvieron silentes ante estos movimientos.

En la nueva disputa sobre los productos sustitutos, los consumidores, la industria y los Estados que están a favor tienen una pregunta: ¿por qué prohibirlos y no regularlos, si son menos dañinos que el cigarrillo tradicional? Roa da una respuesta: «El cigarrillo convencional existía antes del Convenio Marco, y durante la negociación del convenio se discutió su prohibición y se concluyó que no era factible. En cambio, los productos novedosos de tabaco, como su nombre lo dice, son nuevos. No han entrado en los mercados nacionales y el país es libre de no dejarlos entrar. La industria y algunas asociaciones de consumidores dicen que son menos dañinos, pero la evidencia científica no es independiente, no sustenta el hecho de que sean menos dañinos, porque efectivamente ellos no han logrado demostrar que estos productos producen menos cáncer, menos hipertensión, menos diabetes, menos enfisema. Lo que han pretendido demostrar es que estos productos tienen emisiones menos tóxicas y es cierto que algunos tóxicos están en menor concentración, pero otros están en igual concentración y otros están en concentraciones más elevadas, y hay nuevos componentes tóxicos que están apareciendo en el vapeo».

Roa pertenece al grupo de pioneros. Se llama Reina, pero internamente sus compañeros en la región le dicen «la reina». Su interés por los temas vinculados al tabaco comenzó en la década de los años noventa, cuando hacía actividades de promoción en centros de salud sobre factores de riesgo de las enfermedades no transmisibles. El tabaco era considerado uno. Las cosas cambiaron para ella (para todos) al inicio de la siguiente década, cuando el Ministerio de Salud la designó como negociadora del Convenio Marco de la OMS por Panamá. Roa conoció a Champagne, a Bianco, era una de las tantas funcionarias que recibía los boletines con información que las organizaciones no gubernamentales entregaban durante la discusión del convenio. Ella dice que sin ellos no se hubiera podido avanzar, que siempre los apoyaron con información científica y asesoramiento legal, porque los Estados eran «acosados» de diferentes maneras por la industria: «Empecé a comprender este tema desde una perspectiva diferente, desde la política pública, la política de salud, pero también desde los temas económicos, los intereses industriales, el comportamiento y la corrupción de la industria. Ahí me metí de lleno y nunca más dejé el tema. Las organizaciones nos fueron nutriendo de información durante la negociación del convenio, porque había búsquedas que no podíamos hacer y ellos nos facilitaban las cosas, jugaron un rol central para poder avanzar».

Roa ejerce ahora tres funciones ministeriales en temas relacionados a tabaco: es el punto focal del país sobre el Convenio Marco, es la coordinadora de la comisión dentro del ministerio (electa por los demás integrantes) y es la administradora del fondo de dinero que tiene el gobierno por los impuestos que se cobran al tabaco. Ella dice que los grupos de consumidores la han atacado públicamente por temas éticos, de corrupción, porque son grupos «fachada» de la industria: «Ellos piensan que soy la más dura, pero en la comisión tengo gente que es más dura que yo. Lo que pasa es que soy la cara y nosotros asumimos el riesgo de defender la salud de la gente. La industria pensó que nos iba a generar debilidades con las demandas a nuestra legislación, pero realmente nos han dado fuerza para luchar».

El futuro se muestra con nuevas formas de consumir y las organizaciones vinculadas a la industria se enfrentaron al Convenio Marco durante toda la convención. Otras, como Bloomberg, siguen apoyando. Roa cree que las tabacaleras «no van a soltar» el cigarrillo tradicional hasta que no estén seguras de que existe una buena aceptación del tabaco calentado y los cigarrillos electrónicos entre los consumidores, porque todavía el costo de estos productos es elevado y eso restringe el acceso. Mientras tanto, la Comisión Europea se muestra preocupada por el uso de las bolsitas de nicotina en los países nórdicos, que en inglés se conocen como *nicotine pouches* y son todavía un éxito marginal. Roa dice que «esto recién comienza».

Mutación o inercia

La mayoría de las personas en Uruguay llevan el apellido Rodríguez. Los Rodríguez son cien mil más que los González, los segundos de la lista. Son más que los Martínez, Fernández, Pérez, García. Los Rodríguez son 271.543,[123] uno de cada trece uruguayos.

Los Bianco, en cambio, son solamente 625 y uno se llama Eduardo. Es el Bianco que dio pelea contra la industria tabacalera durante casi treinta años, que empezó sin saber demasiado, en una época donde todavía las cajas sólo llevaban marcas y logos, y algunas décadas después terminó en un banquillo de Washington D. C. frente a la tabacalera más grande del mundo. Beatriz Champagne, la mujer que lo reclutó y que estuvo cerca de él durante los primeros años, dice que siempre confió en su temperamento: «Eduardo se enfrenta a cualquiera, si lo ponés delante del presidente de Philip Morris, lo hace pedacitos. Yo no soy tan buena en ese sentido, soy buena detrás de la escena, organizando. Peleamos muchas batallas para llegar hasta ahí y hay gente que hoy recibió todo esto en la mano».

Ahora Bianco está jubilado. Vive en un balneario cerca de Montevideo, donde el tiempo pasa lento y la vida va por otro lado. Bianco acaba de conocer a su primer nieto. Un Bianco más. En su lugar hay un Rodríguez que se llama Diego y que tiene sus contactos. Rodríguez heredó la línea directa con la fundación Bloomberg y «si la cosa se complica», puede levantar el teléfono y pedirles ayuda: «Trato de no hablar mucho de ellos porque me dicen que hago esto porque Bloomberg nos da plata o que respondemos a ellos. Yo trabajo voluntariamente la mayor parte del tiempo. Bloomberg dice que ahora está en una línea de descolonización, que la verdad no sé si la están llevando adelante, pero la idea es que ellos no te dicen lo que hay que hacer, somos nosotros los que decimos qué necesitamos y planteamos cómo ponerlo en práctica, porque las necesidades dependen del lugar».

Rodríguez se crió en Las Acacias, un barrio alejado del centro y de la costa montevideana. Es un hijo de trabajadores que fue educado por la escuela pública. Quiso ser jugador de fútbol. Quiso ser ingeniero en sistemas. Casi fue guardia de seguridad en un cabaret en Buenos Aires. Fue reponedor de vinos y refrescos en un supermercado chino en Buenos Aires. Rodríguez prefiere a los chinos antes que a los coreanos, porque dice que los chinos en Argentina pagan poco, pero al menos pagan. En esa época, sólo tenía libre los domingos de tarde. Su único momento de placer consistía en tomar una Coca-Cola y comer una medialuna porteña con jamón y queso. Rodríguez se sentaba a disfrutar de este ritual en la plaza frente al supermercado. En 2004, con 21 años, volvió a Uruguay y no se fue más. Vivía con su madre. Consiguió trabajo en un centro estatal que atendía a niños de zonas vulnerables y, en paralelo, hizo en la universidad pública la carrera de Sociología. En la casa de los Rodríguez, las cosas iban bien si se podía tomar Coca-Cola todos los días y comer asado del Pepe, la variedad más barata de ese corte bovino que se vendía en aquel tiempo. Se llamaba así porque el impulsor de la medida era el entonces ministro de Ganadería, José Mujica. En la heladera de los Rodríguez había pegado un papel que decía: «Asado del Pepe y Coca-Cola».

En 2024, Rodríguez cumplió 41 años y ya no toma Coca-Cola, ni se lo permite a sus hijos. Culpa a la industria del placer que sentía dos décadas antes, en Buenos Aires, cuando tomaba su refresco y comía su medialuna. Ahora es sociólogo, trabaja como estadístico en un organismo del Estado, pero su pasión es la militancia por la vida saludable para cambiar la historia. Rodríguez preside la Sociedad Uruguaya de Tabacología y es integrante del CIET, que fundó Eduardo Bianco. Rodríguez usa esas palabras: cambiar la historia. Dice que no sabe si lo conseguirá, que no sabe hasta qué punto colabora con lo que hace, pero quiere que algún día suceda. Para Rodríguez, en la región no existe nada igual a la comunidad del tabaco: «Si pasa algo en un país, todos reaccionan en bloque y los políticos lo saben, tienen que elegir qué pelea dar y tocar las políticas de tabaco es un problema, porque vamos a ir todos en contra. El tabaco es algo malo, nadie lo duda. Un abuelo todavía piensa que darle una bolsa de papitas chips al nieto es bueno, pero con el tabaco no pasa. Esas son las batallas ganadas».

Rodríguez dice que es adicto. Se siente una víctima de la industria alimentaria. Su adicción son las harinas, los productos ultraprocesados. No pisa nunca un McDonald's, pero deja que sus hijos lo hagan porque no quiere educar «criaturas sociales aisladas». Rodríguez aparece cada tanto en la televisión para hablar de la regulación y las advertencias de los productos con exceso de grasas, azúcar y sodio: «Necesito pelear para modificar lo macro, necesitamos modificar lo macro, para que las peleas individuales sean más fáciles. Las luchas son diarias en mi entorno, aunque hay cosas que se me escapan porque la cultura es generada por el entorno. A lo mejor todos empezamos con la idea de fumar desde que vimos a Popeye con una pipa, con los dibujitos, o con los cigarrillos de chocolate que se vendían cuando yo era un niño y hacía la mímica de fumar».

Rodríguez duda de las intenciones de otras industrias. A su lista se sumaron recientemente las farmacéuticas, a pesar de que alguna vez usó su dinero para financiar congresos de la Sociedad de Tabacología: «Mi familia no es banquera y la mayoría de los que participan del congreso son médicos. Ellos no ven mal a la industria de los medicamentos, solamente alguno me dijo que no iba si estaban las farmacéuticas, y yo pensé, en ese momento, que era un pesado por decirme eso. Pero ahora cambié, estoy tratando de cortar con ese tipo de financiación y estoy dando la discusión a la interna. Alguna vez le pregunté a Eduardo por qué dejaron entrar a las farmacéuticas para poner plata en el CIET, y él me respondió: "Diego, estábamos pensando en la pelea contra el tabaco"».

Rodríguez sabe que ahora está del lado de los conservadores cuando habla de tabaco. Sabe que su pelea es diferente a la que llevaron Bianco y Champagne, porque si se trata de cigarrillos tradicionales defiende una batalla cultural que en su país ganaron otros. Los nuevos enemigos son los dispositivos sin fuego, que según él deberían ser prohibidos, porque la novedad pretende solapadamente iniciar a fumadores jóvenes. Él tiene una «camiseta puesta en contra del tabaco» y no se la va a quitar aunque le digan «prohibicionista»: «Yo soy de la formación de Eduardo Bianco, no creo en la inocencia de la industria».

Existen cambios profundos, drásticos. Los políticos hablan de cambios cuando quieren ganar las elecciones. Cambia la intención de voto del electorado, dicen. Cambios de rumbo anuncian después los gobiernos cuando las cosas van mal. Cambios de imagen, superficiales. Personas que se adaptan mejor a los cambios.

En 2008, a Diego Cibils le dijeron desde Philip Morris que las cosas iban a cambiar porque estaban desarrollando productos de tabaco que no utilizaban fuego como los cigarrillos tradicionales. El cambio tenía la forma de un objeto similar a un cigarrillo, con un filtro y una columna de tabaco, pero no era un cigarrillo. El cambio se presentó, mientras se desarrollaban las audiencias finales contra Uruguay.

Cibils tenía que promocionar la novedad en Argentina, Uruguay, Paraguay, Bolivia y Chile, un mercado de doce millones de fumadores: «Les podía mejorar la vida a ellos, a sus familias, era mágico, yo nunca había tenido la posibilidad de hacer algo así. Me quedé feliz, me metí en el mundo electrónico, nunca había comercializado electrónica. Fue liberador, fue un renacer. Tanto que me pedían que trabajara en algo menos malo, bueno, capaz no es la palabra, así me sentía. Un negocio nuevo, planes de comercialización nuevos, yo tenía que desarrollar un montón de cosas, tenía ganas de cambiar».

Son dos nuevas familias que se suman a las ya conocidas. Unos se llaman productos de tabaco calentado, porque utilizan un dispositivo electrónico que calienta el tabaco a casi cuatrocientos grados, sin que haya combustión. Los otros ya no tienen tabaco, pero usan nicotina líquida, que es una sustancia adictiva para los consumidores, aunque Philip Morris dice lo contrario: «El humo de un cigarrillo contiene nicotina, un componente natural del tabaco, y muchas sustancias químicas perjudiciales. Estas toxinas (y no la nicotina) son la primera causa de las enfermedades relacionadas con el hábito de fumar».

Los datos dicen, pero no cuentan. Dice la OMS que actualmente hay 1.300 millones de consumidores de tabaco, un poco más del 20% de la población mundial, de los cuales el 80% vive en países de ingresos medianos o bajos. La mayoría de los que fuman son hombres. Se calcula que el tabaco mata hasta a la mitad de las personas que lo consumen y no lo dejan. Mata a más de ocho millones de personas cada año, de los cuales cerca de un millón y medio son no fumadores, que solamente están expuestos al humo ajeno.

Cuenta Cibils que Philip Morris conoce estos números y que, a pesar de que la venta de tabaco no cayó demasiado en el mundo, los nuevos productos surgen de una visión del negocio a mediano y largo plazo. Su base es una mirada «estratégica» sobre las formas del consumo, en un mundo donde «la tendencia es hacia lo más saludable»: «Philip Morris tenía la obligación comercial de hacerlo, pero también existía una obligación ética. Si a cada fumador que conozco lo convenzo de cambiar a este producto dentro de mi marca, potencialmente le estoy mejorando la vida y hasta lo puedo estar salvando».

Sin embargo, mientras Cibils estuvo en la tabacalera los productos no fueron aceptados en el Mercosur, y Philip Morris no estaba dispuesta a dar «un paso más» sin regulación. Eso fue lo que cambió en Uruguay a partir de 2021.

¿Prohibir o regular? A Cibils le parece «hermosa» la discusión: «¿Qué palabra está escrita?, ¿qué tipo de advertencia debería llevar? Considerarlo igual a un cigarrillo es un disparate, pero si es un producto de tabaco no es inocuo, así que si estás preocupado por lo que el tabaco le hace a tu cuerpo dejá de fumar ya, y si no fumás, no empieces a fumar. Si querés dejar por deseo o salud, dejá ya. Si no podés o no querés, y querés una alternativa, esta es una gran alternativa. Los productos de tabaco tienen una regulación y una carga impositiva tan altas por el daño que causan, pero, en mi opinión, este producto debe ser considerado en la línea de mejorar la salud de la gente, y yo creo que los ministerios de salud deberían fomentar esto. Tendrían que acercar estos productos a los consumidores antes que el cigarrillo, porque son significativamente menos dañinos».

La pelea se presenta como nueva, pero la discusión es vieja. Cuando las tabacaleras aceptaron el acuerdo judicial sobre fines de la década de los noventa, luego de la implosión provocada por Wigand, el presidente Bill Clinton anunció en el mismo momento que la Agencia de Medicamentos y Alimentos (FDA) iba a trabajar, finalmente, para regular los productos del tabaco.

Sin embargo, Clinton perdería esta discusión unos años después, en el 2000, cuando la Corte Suprema de Estados Unidos, por decisión dividida, le dio la razón a la industria en su argumento de que la FDA no tenía autoridad para regular sus productos. Luego hubo nuevos intentos, se presentaron algunos proyectos de ley que contaron con el trabajo de legisladores como Waxman[124] y que tuvieron la participación de Philip Morris en las negociaciones. Todas esas iniciativas fracasaron. Recién en 2009, el Congreso de Estados Unidos aprobó la Ley de Prevención Familiar del Tabaquismo y Control del Tabaco, que modificó su Ley Federal de Alimentos, Medicamentos y Cosméticos para darle a la FDA la autoridad de regular la fabricación, distribución y comercialización de cigarrillos, tabaco de liar, tabaco sin humo y otros productos de tabaco. En 2016, se incorporaron a esta regulación los cigarrillos electrónicos, el tabaco de pipa, los puros, el narguile y otras formas de consumo como la nicotina oral. En Estados Unidos, la ley prohíbe que estos productos se vendan a menores de 21 años, pero no aplica otras medidas del Convenio Marco, porque este país nunca lo suscribió.

Una discusión que está abierta, porque los nuevos productos tienen poco tiempo de exposición y seguimiento. En el 2022, Cochrane, una institución inglesa especializada en el análisis de evidencia científica, hizo una revisión sistemática de los estudios clínicos *randomizados* de productos de tabaco calentado (que no son los de vapeo) y los comparó con los productos de tabaco común. En total se habían publicado trece estudios, once financiados por la industria tabacalera, que demostraban con un nivel de evidencia moderado a bajo que estos productos emitían menos sustancias tóxicas que los cigarrillos tradicionales.[125] Cuidado. La evidencia siempre puede mirarse de acuerdo a las conveniencias. Como enseñaron los científicos a mediados del siglo XX, es necesario detenerse a pensar en esto, porque una cuestión es una menor emisión de sustancias tóxicas y otra es el menor daño para la salud.

Otro tema es si los nuevos dispositivos pueden ser considerados como insumos médicos, que ayudan a las personas en sus tratamientos para dejar de fumar. Pero, por ahora, las tabacaleras no venden medicamentos.

Para siempre

Existe una organización que se propone lograr un futuro sin humo. Lo dice en la nota principal de su página web. Es un gigante que está dispuesto a dejar atrás el siglo pasado. Su logo tiene tres letras y dos leones que se posan sobre ese logo con una corona. Sus colores son el azul marino y el blanco, iguales a los que tiene la bandera de Uruguay.

Ese futuro sin humo tiene una imagen. Son cuatro adultos jóvenes que caminan, sonríen, dos son hombres y dos mujeres, y una lleva puesto un hijab. La organización cita cifras de la OMS, preocupada, dice que hay más de mil millones de fumadores y que a pesar de las advertencias sanitarias y el aumento de las medidas de control, no se logrará disminuir la cantidad de fumadores. Entonces, le cuenta al mundo que tiene una solución porque tiene los recursos: más de 1.516 científicos, ingenieros y técnicos trabajan en esto; más de 12.500 millones de dólares invertidos en la investigación y el desarrollo.

La organización se llama Philip Morris International, pero ahora casi siempre escribe su nombre como PMI.

PMI dice que en su empresa hay un 41,8% de mujeres en posiciones de liderazgo y que existe un 0,1% de prevalencia de trabajo infantil en sus campos proveedores. Sus productos se venden en ochenta y cuatro mercados y un 63,6% se compone de los cigarrillos tradicionales.

PMI dice que quiere abandonar el mercado tradicional compuesto por sus Marlboro, L&M, Chesterfield, Philip Morris y Parliament. Pero todavía continúa, porque eso le ayuda a financiar las inversiones en investigación, desarrollo, fabricación y comercialización de la solución, que son los nuevos productos «libres de humo», que representan el 36,4% de sus ingresos y que tienen a treinta y tres millones de consumidores en todo el mundo.

PMI dice que le está allanando el camino al resto de la industria para que siga su ejemplo. Sus productos libres de humo son de tabaco calentado, de vapeo y son de uso oral, como las bolsitas de nicotina y el rapé húmedo.

Llevará tiempo, pero es posible acelerar la transición. Ese es el compromiso de la organización con sus accionistas y empleados. Un compromiso de «éxito sostenible».

Ukusimama, en zulú.
Sustentabilitate, en rumano.
Sustentabilidade, en portugués.
Fenntarthatóság, en húngaro.
kelestarian, en malayo.
keberlanjutan, en indonesio.
Udrzitelnost, en checo.
Održivost, en croata.

Son cincuenta y cuatro recuadros que dicen lo mismo: Sostenibilidad. Las imágenes forman un mosaico de montañas, lugares abiertos, lagos llenos de agua hasta la orilla, con gente joven y saludable, y un mensaje que conjuga pasado, presente y futuro:

we were	estábamos
we are transforming	nos estamos transformando
for good	para siempre
we will be	seremos

Agradecimientos

A Santiago Pereira Campos por compartir conmigo esta idea. A las personas que dieron su tiempo en cada una de las entrevistas. A Joel Rosenberg y a mis compañeros de *No Toquen Nada* por el aprendizaje compartido, la amistad y el respaldo cotidiano de tantos años. A Daniel Marquínez de la Fundación Gabo por su apoyo y compromiso. A Julián Ubiría y a Penguin Random House por la confianza. A Gabriela López Introini por el diseño y a Ana Cencio por su corrección. A los lectores: Fernando Medina, Pía Supervielle, Lucía Alonso, Paola Scavone, Sebastián Fleitas, Gabriel Quirici, Gustavo Laborde, Gastón Gioscia, Nadia Piedra Cueva. A Camila de los Santos, amiga querida, por estar siempre atenta. A Leo Barizzoni. A mi familia, primos y tíos queridos. A Noelia Carrancio por los libros, las lecturas y las palabras nuevas.

Notas

1. Disponible en: «Philip Morris v. Uruguay», Case No. ARB/10/7, Jusmundi, 26 de marzo de 2010.
2. Margaret Chan Fung Fu-chun es una médica china. Fue la directora general de la Organización Mundial de la Salud entre 2007 y 2017. Es doctora en medicina por la University of Western Ontario. En 1978 se incorporó al Departamento de Salud de Hong Kong, donde inició su carrera en el ámbito de la salud pública.
3. «Canaries in the Mine: The Airline Flight Attendants' Fight to End Smoking Aloft An interview with four public health and safety pioneers». Publicado en noviembre de 2002 por Alan Blum, director del Centro de Estudios de Tabaco y Sociedad de la Universidad de Alabama.
4. «Passive Smoking on Commercial Airline Flights». Fecha de publicación: 10 de febrero de 1989. *Journal of the American Medical Association* es una revista médica revisada por pares y publicada por la Asociación Médica Estadounidense de forma semanal desde 1883.

5   En el juicio de las azafatas contra las tabacaleras, los Rosemblatt fueron también contra R. J. Reynolds Tobacco Company, Loews Corporation y su filial Lorillard, y contra BAT Industries y su filial Brown & Williamson Tobacco Company.

6   «Trial Near in New Legal Tack in Tobacco War» («Se acerca el juicio en una nueva táctica legal en la guerra del tabaco»). *The New York Times*, 30 de mayo de 1997.

7   En el año 2005, el MSP creó el Programa para el Control del Tabaco, cuya responsabilidad era la planificación, desarrollo e implementación de políticas de control del tabaco a nivel nacional. También está a cargo de garantizar el cumplimiento de las regulaciones y cuenta con inspectores para la tarea.

8   Datos oficiales del Ministerio de Salud Pública de Uruguay.

9   Charles Everett Koop fue un cirujano pediátrico y administrador de salud pública estadounidense. Koop fue el décimo tercer Cirujano General de Estados Unidos y ocupó el cargo durante la presidencia de Ronald Reagan de 1982 a 1989.

10   «170,000 Fatalities Linked to Smoking» («170.000 muertes relacionadas con el tabaquismo»). United Press International (UPI), 18 de noviembre de 1983.

11   Archivo: Stanford Research Into the Impact of Tobacco Advertising (SRITA), fundado en 2007 por el profesor de Stanford Robert Jackler, quien es su investigador principal. El propósito de SRITA es estudiar las actividades de promoción de la industria

tabacalera. El trabajo es realizado por un grupo de investigación interdisciplinario que incluye a profesores y estudiantes de varios departamentos de la Universidad de Stanford.

12 Glantz se enfrentaba por ese tiempo a Marlboro desde una agrupación civil llamada «Californianos por los Derechos de los No Fumadores», luego de que su Estado rechazara en dos oportunidades la regulación de sectores para no fumadores en 1978 y 1980.

13 Robert Norris, Marlboro Man Who Didn't Smoke, Dies at 90» (Robert Norris, el hombre Marlboro que no fumaba, muere a los 90 años). *The New York Times*, 9 de noviembre de 2019. Robert Norris murió a los 90 años en Colorado Springs el 3 de noviembre de 2019. Norris había sido convocado por la empresa para ser parte de sus anuncios cuando fue visto por casualidad junto a su amigo, el actor John Wayne. Sus avisos se pasaron durante catorce años en Estados Unidos y Europa, pero él, en realidad, no fumaba, y un día anunció que dejaría de ser el Hombre Marlboro porque se había dado cuenta de que era un mal ejemplo para sus nietos.

14 El presidente Grant fue, también, el primero que designó a un cirujano general de Estados Unidos en 1871, el doctor John Maynard Woodworth, que comenzó su trabajo como supervisor del Servicio de Hospitales Marinos, una red informal que atendía a marineros enfermos y que con el paso del tiempo amplió sus cometidos, al igual que el

cirujano general, que se encargaría de otros asuntos hasta convertirse en el vocero presidencial en temas referidos a la salud pública.

15 Los estudiosos de la política dicen que el término lobista o cabildeo es anterior, que se remonta al 1600, porque el *lobby* era el lugar donde el público podía ir a hablar con los miembros de la Cámara de los Comunes de Londres.

16 Hasta principios de la década del 2000, sólo tres países siguieron los pasos de Estados Unidos: Alemania (1951), Australia (1983) y Canadá (1989). Sin embargo, en el siglo XXI la regulación del *lobby* ha crecido. Estados Unidos fortaleció su norma en 2007, y más de treinta países, la mayoría europeos, cuentan con leyes sobre *lobby*. En otros lugares, como Asia y América del Sur, el *lobby* recién se ha vuelto parte de la conversación, salvo en países como Chile donde existe una ley que funciona desde 2014.

17 «On Cigarettes, Health and Lawyers». («Sobre cigarrillos, salud y abogados»). *The New York Times*, 6 de diciembre de 1993.

18 El trabajo de esta médica puertorriqueña se centró en las empresas tabacaleras y en la epidemia del SIDA, la vacunación infantil y el acceso a mejoras en la atención médica para las minorías.

19 «Tobacco Chiefs Say Cigarettes Aren't Addictive» («Los jefes de las tabacaleras dicen que los cigarrillos no son adictivos»). *The New York Times*, 15 de abril de 1994.

20 «Philip Morris Blocked '83 Paper Showing Tobacco Is Addictive, Panel Finds» («Philip Morris bloqueó un estudio de 1983 que demostraba que el tabaco es adictivo, según un grupo de expertos»). *The New York Times*, 1 de abril de 1994.

21 *The Insider*, dirigida por Michael Mann, con Russell Crowe y Al Pacino como protagonistas, se estrenó en 1999.

22 «University to Display Tobacco Documents» («Una universidad exhibirá documentos sobre el tabaco») *The New York Times*, 4 de julio de 1995.

23 El Convenio Marco de la OMS para el Control del Tabaco (CMCT OMS) es el primer tratado negociado bajo los auspicios de la Organización Mundial de la Salud. El CMCT OMS es un tratado basado en pruebas, así lo define la OMS, que respalda a los países en la aplicación de medidas para controlar el consumo de tabaco, y para esto se apoya en el derecho de todas las personas al máximo nivel de salud posible.

24 *Confíe en nosotros. Somos la industria tabacalera* fue publicado en abril de 2001 por Campaign for Tobacco-Free Kids y Action on Smoking and Health, en base al análisis de millones de documentos internos y declaraciones de la industria tabacalera que fueron publicados por orden de una corte federal de Estados Unidos. La Organización Mundial de la Salud sostiene que las publicaciones de esta guía revelan la verdad sobre lo que ocurría a puertas

cerradas en las tabacaleras y cómo decían una cosa en público y otra muy distinta en privado.

25 Es una organización estadounidense sin fines de lucro con sede en Washington D. C., que aboga por la reducción del consumo de tabaco. Fue creada en 1995 y tuvo el apoyo de la Asociación Estadounidense del Corazón.

26 Es una organización civil británica que desde 1967 apoya la regulación y las políticas antitabaco. Para eso, ASH capacita a personas en todo el mundo con el objetivo de que defiendan estos intereses.

27 *Lucky Strike Green has gone to the war! So here's the smart new uniform for fine tobacco.* «Lucky Strike Green ¡ha ido a la guerra! Este es el nuevo y elegante uniforme del buen tabaco», decía una publicidad del Lucky Strike verde en 1942.

28 *Hemingway vs. Fitzgerald. The Rise and Fall of a Literary Friendship.* Autor: Scott Donaldson. Publicado en 1999, Nueva York.

29 *El existencialismo es un humanismo.* Jean Paul Sartre. Sur: Buenos Aires, 1973 (Trad. Victoria Prati de Fernández). Universidad Complutense de Madrid.

30 «Monje de Bután enfrenta cárcel por violar ley antitabaco». BBC, 2 de febrero de 2011.

31 La American Heart Association fue creada en la ciudad de Nueva York en 1924 y actualmente tiene su sede en Dallas, Texas. Es una agencia nacional de salud, llevada adelante por voluntarios, que está considerada entre las más influyentes de su país.

32　Publicado en *Confíe en nosotros. Somos la industria tabacalera* (2001).
33　Ibidem nota 32.
34　Ibidem nota 32.
35　Bianco se refiere a los cinco miembros permanentes del Consejo de Seguridad de Naciones Unidas: China, Francia, Federación de Rusia, Reino Unido de Gran Bretaña e Irlanda del Norte y los Estados Unidos.
36　«Fighting Mayor's Proposed Smoking Ban Not on the Basis of Health, but of Economics» («Lucha contra la prohibición de fumar propuesta por el alcalde no por motivos de salud, sino económicos»). *The New York Times*, 10 de octubre de 2002.
37　«MediaTalk; Vanity Fair Editor Learns Smoking Ban Applies to Corner Offices, Too» («El director de Vanity Fair se entera de que la prohibición de fumar también se aplica a su despacho»). *The New York Times*, 24 de noviembre de 2003.
38　En 2008 realizó otra donación por 250 millones de dólares.
39　La Asamblea Legislativa del Distrito Federal fue el órgano legislativo del Distrito Federal de México a partir de 1997. En 2016 cambió su nombre a Asamblea Legislativa de la Ciudad de México, a consecuencia de la reforma política del Distrito Federal de México de 2015. En 2018 fue reemplazada por el Congreso de la Ciudad de México.
40　«Reduced incidence of admissions for myocardial infarction associated with public smoking ban:

before and after study». «Reducción de la incidencia de ingresos por infarto de miocardio asociada a la prohibición pública de fumar: estudio antes y después». Publicado en BMJ, 24 de abril de 2004.

41 En el primero, se recabó el número de infartos registrados dos años antes de la implementación de la medida (2004-2006) y luego se tomaron en cuenta los primeros dos años posteriores a la aplicación de la prohibición (2006-2008). En el segundo trabajo, se tomaron los mismos dos años anteriores a marzo de 2006 y se cubrieron los cuatro años posteriores (2006-2010). La información fue aportada por 37 instituciones médicas del país.

42 «Ingresos por infarto agudo de miocardio en los cuatro años siguientes a la implementación de la prohibición de fumar en espacios cerrados». *Revista Uruguaya de Cardiología*, publicado en diciembre de 2015.

43 En 2001 la industria farmacéutica generó ingresos anuales por 390.000 millones de dólares y en 2023 la cifra llegó a 1.607.000 millones de dólares. «Evolución anual del volumen de ingresos de la industria farmacéutica a nivel mundial de 2001 a 2023». Fuente: Statitsta.

44 «Pfizer prolonga de forma indefinida la retirada del Champix, el fármaco más utilizado para dejar de fumar». Fecha de publicación: 21 de setiembre de 2021.

45 Medio siglo después, en 2015, la *Revista Internacional de Epidemiología* contó la historia de Stallones a

partir de la revelación de documentos de la época que no se conocían. Stallones había diseñado su estudio con las tasas de enfermedades cardíacas observadas y esperadas, según la frecuencia del consumo de tabaco. El epidemiólogo tomó como base para su trabajo la tasa de población de no fumadores y calculó las tasas de mortalidad estandarizadas específicas por edad y sexo, con tablas que fueron preparadas por el estadístico William Cochrane, miembro del mismo comité.

46   El trabajo de Bradford Hill se llama: «El medio ambiente y la enfermedad: ¿asociación o causalidad?» («The environment and disease: Association or causation?») Fue publicado por Bradford Hill en 1965, en la quinta edición del *Journal of the Royal Society of Medicine*.

47   Las clasificaciones del tipo de fumador en salud pública pueden ser leve, moderado o severo.

48   Según establece el Centro Nacional de Prevención de Enfermedades Crónicas y Promoción de la Salud, conocido popularmente como CDC.

49   «Philip Morris Admits Evidence Shows Smoking Causes Cancer» (Philip Morris admite que las pruebas demuestran que fumar provoca cáncer), *The New York Times*, 13 de octubre de 1999.

50   Ibídem nota 32.

51   Sidley Austin tiene oficinas en Pekín, Boston, Bruselas, Century City, Chicago, Dallas, Ginebra, Hong Kong, Houston, Londres, Los Ángeles, Miami, Múnich, Nueva York, Palo Alto, San Francisco, Shanghái, Singapur, Sidney, Tokio y Washington D. C.

52   Algunos de estos abogados se hicieron famosos por haber enfrentado a la Corte Suprema de Estados Unidos. Otros, por haber defendido a las tabacaleras de acciones colectivas presentadas por fumadores a finales de los noventa. Se trataba de un grupo de élite liderado por dos socios del estudio Sidley: Stanimir Alexandrov y James Mendenhall, uno de los principales asesores del Comité de Inversión Extranjera en los Estados Unidos (CFIUS).

53   Con su pelo enrulado, sus ojos claros y su barba candado, este Hombre Marlboro del arbitraje internacional había sido árbitro en más de doscientos pleitos y, también, había participado como experto en más de seiscientos casos. Born representó a empresas europeas, estadounidenses, asiáticas y otras en arbitrajes en todas las principales sedes internacionales (Londres, París, Ginebra, Zúrich, Viena, Estocolmo, Nueva York, Washington, Singapur). Su experiencia se desarrolla en temas vinculados a inversor-Estado, fusiones y adquisiciones, banca de inversión, energía, petróleo y gas, propiedad intelectual y disputas sobre seguros.

54   La demanda se presentó en base al Artículo 10 del Acuerdo de fomento y protección recíproca de las inversiones entre la Confederación Suiza y la República Oriental del Uruguay, firmado en 1988 y que entró en vigencia en 1991, y el Artículo 36 del Convenio sobre Arreglo de Diferencias Relativas a Inversiones entre Estados y Nacionales de Otros Estados, de fecha 18 de marzo de 1965.

55 «Michael Bloomberg Dials Up a War on Plastics» («Michael Bloomberg intensifica la guerra contra los plásticos»). *The New York Times,* 20 de setiembre de 2023.

56 Lacalle Herrera fue presidente del Uruguay entre 1990 y 1995. Pertenece al Partido Nacional, por el que también fue representante nacional y senador. Además, es padre del también presidente Luis Lacalle Pou.

57 José Luis Rodríguez Zapatero fue presidente español entre 2004 y 2011. Es miembro del Partido Socialista Obrero Español.

58 Luiz Inácio Lula da Silva fue presidente de Brasil entre 2003 y 2010. Es miembro del Partido de los Trabajadores. Fue reelecto como presidente en 2023.

59 Ricardo Lagos fue presidente de Chile entre 2000 y 2006. Es fundador del Partido por la Democracia.

60 Gonzalo Fernández es un reconocido docente y abogado penalista uruguayo que fue secretario de Presidencia durante el primer gobierno de Tabaré Vázquez.

61 Jorge Vázquez, hermano de Tabaré Vázquez, fue su primer prosecretario de Presidencia.

62 «Bloomberg Backs Uruguay's Anti-Smoking Laws» («Bloomberg apoya las leyes antitabaco de Uruguay»). *The New York Times,* 15 de noviembre de 2010.

63 Discurso de Tabaré Vázquez en la apertura del Congreso «CardioSur», Montevideo, setiembre de 2010.

64 *Tabaré inédito* de Colección Espejo, Debate (2021), entrevista realizada por el periodista Gabriel Pereyra.
—¿Y si le hubieran levantado el veto?
—Vería lo que haría, posiblemente hubiera renunciado a la presidencia.
—¿Hubiera llegado a eso?
—Sí.

65 El médico colombiano Orlando Mejía Rivera cuenta la historia de este hombre en el tercer tomo de su *Historia cultural de la medicina*. Cornaro hace citas a Galeno y escribe, según Mejía Rivera, una de las manifestaciones renacentistas más contundentes de la valoración de la vida humana y de la posibilidad de llegar a la vejez en condiciones excelentes de salud, tanto físicas como mentales. Cornaro dice que hasta sus 35 años llevaba una vida disoluta, con excesos en la comida y la bebida que le produjeron fiebres, dolencias estomacales, fatiga crónica, tedio, melancolía e insomnio. Cuenta que los remedios que le dieron no sirvieron y que los médicos de la época le dijeron que estaba cerca de la muerte, que sólo podía salvarse adoptando una vida ordenada. Cornaro dice que lo hizo y nunca más enfermó. Orlando Mejía Rivera transcribe los escritos de Cornaro en el Renacimiento.

66 En las audiencias finales, en 2015, declararon como testigos de parte por Philip Morris su abogado Nicolás Herrera y el ex gerente comercial de la empresa, Diego Cibils, ambos uruguayos, y por Uruguay lo hicieron el exdirector de Salud, Jorge

Basso, Eduardo Bianco como representante del CIET, Ana Lorenzo y Winston Abascal.

67   Se refiere a Daniel Gianelli, entonces embajador de Uruguay en Estados Unidos.

68   Daniel Ortega volvió a la presidencia de Nicaragua en el 2006 y Reichler volvió a representar al país en los juicios internacionales. En Nicaragua siempre lo recibieron bien por el glorioso pasado que los une. Pero la relación se terminó. Primero, porque se dañó en 2018, en el tercer periodo presidencial de Ortega, cuando reprimió las manifestaciones en su contra de manera brutal. Reichler no se fue ahí, dice que siguió adelante con los juicios que tenía porque eran contra Nicaragua y él sentía que debía mantener la defensa de esos intereses. Tres años después la situación se hizo intolerable. Ortega envió a prisión a todos los precandidatos presidenciales y después ya no sólo fueron encarcelados los líderes políticos, sino también los líderes de las universidades, sindicatos, periodistas, varios amigos de Reichler de la época sandinista. Reichler renunció con una carta pública y dice ahora: «No soy psicólogo, es difícil saber lo que una persona tiene en la mente, pero en la carta que escribí destaqué todos los momentos clave en los que yo participé de decisiones como demandar a Estados Unidos o firmar el acuerdo de paz con los opositores, celebrar las elecciones libres y aceptar los resultados de esa elección. Quiero decir con esto que Ortega siempre tomó la decisión noble hasta ese momento. Ese era

el Daniel Ortega que yo conocí en la década de los ochenta. Cuando a mí me invitaron a trabajar en juicios internacionales de nuevo no tuve problemas, yo simpatizaba más con los otros sandinistas socialdemócratas. Cuando cambiaron la Constitución para permitir un tercer plazo presidencial y después hicieron otras maniobras antidemocráticas, que culminaron con las manifestaciones en 2018, quizás yo debí renunciar. Pero decidí esperar con esperanza un diálogo nacional, un pacto, un compromiso de celebrar elecciones libres, y me equivoqué. Con los abusos que vi durante los tres años siguientes decidí cambiar».

69 Escribía Cortázar en 1984 sobre la importancia de la conciencia intelectual de los pueblos frente a los poderosos: «Mientras estas formas directas e indirectas de hostigamiento, a las que podrían agregarse muchas otras, se van acumulando a lo largo de los días, los esfuerzos de Nicaragua por mostrar su voluntad de negociación son objeto de un total silencio o de comentarios escépticos por parte de funcionarios norteamericanos y de dirigentes contrarrevolucionarios. A mí, asistente a la campaña de alfabetización en la primera etapa del gobierno sandinista, me consta la decidida voluntad de los dirigentes en el sentido de crear un grado de conciencia intelectual y política capaz de llevar al pueblo hacia la democracia sin que ésta, como en tantos casos, sea parodiada por una mera demagogia. Ese gigantesco esfuerzo en un país tan

desposeído, pobre e ignorante como Nicaragua, se ha visto brutalmente frenado por los ataques somocistas telecomandados desde Washington D. C. ¡Y Washington D. C. reclama democracia! También he visto la forma en que procede la iglesia reaccionaria del país, y que llega al colmo en la campaña en contra de la conscripción militar. ¡Y Washington D. C. reclama libertad de prensa y pluralidad política! No joroben. Reagan and CO, el juego es demasiado claro, y ese juego es una estrangulación paulatina de un país al que se le van quitando uno a uno los medios para llevar a cabo su proceso en busca de una democracia verdadera y de raíz popular, a la vez que se le reprocha airadamente que no cumpla con los postulados de la democracia tal como es concebible en los países más desarrollados».

70 González Lapeyre es experto en Derecho Internacional Privado y fue profesor de Derecho Internacional Marítimo de la Academia de Derecho Internacional de La Haya.

71 Seis años antes del arbitraje el Estado marroquí había firmado con la cadena hotelera un contrato para desarrollar esta industria en su territorio. Querían hoteles que fueran un poco menos lujosos para poder atraer a una mayor cantidad de turistas. Cuando dos de los cuatro hoteles pactados con la empresa habían sido construidos, la situación política de Marruecos cambió y el gobierno cortó la relación con los inversores y dejó de pagar el contrato. En el CIADI las partes llegaron a un acuerdo.

72 *The party*, dirigida por Blake Edwards, 1968.
73 «Estudio de abogados que defendió a Uruguay felicitó al Presidente Vázquez». Nota publicada en la página de Presidencia el 11 de julio de 2016.
74 La Organización Mundial de la Salud (OMS) es la responsable de liderar los asuntos sanitarios a nivel global. Fue creada en el final de la Segunda Guerra Mundial, en 1948, por los Estados de las Naciones Unidas, que son los que ponen dinero para su financiación con una cuota que equivale a un porcentaje del Producto Bruto Interno de cada país. Este componente económico representa el 20 % del presupuesto total de la OMS, que además se sustenta, mayormente, con aportes voluntarios. Gran Bretaña, Suecia y Australia ocuparon el podio de financiadores en 2021, y Suiza, el país desde el que Philip Morris denunció a Uruguay, estuvo entre los diez primeros.
75 El drama de la fiebre amarilla tiene su testimonio en la pintura *Un episodio de la fiebre amarilla en Buenos Aires* (1871), de Juan Manuel Blanes (1830-1901). En el óleo se retrata la muerte de una mujer junto a su pequeño niño en una habitación pobre, en penumbras. Los médicos, conmovidos, los observan desde la puerta. El padre de la criatura también yace muerto en la cama, pero los hombres todavía no parecen haberlo descubierto. Se dice que Juan Manuel Blanes fue un reportero de su tiempo, y este cuadro, hoy alojado en el Museo Nacional de Artes Visuales, lo avala.

76 Blanco es médica, tiene una maestría en Políticas de Prevención de Adicciones en Niños y Adolescentes, y comenzó su relación con los organismos internacionales en la OPS en 2006. Primero fue oficial de Control del Tabaco y luego coordinadora regional de la Iniciativa Bloomberg para Reducir el Consumo de Tabaco. Entre 2009 y 2015 fue Asesora Regional para el Control del Tabaco. Después su carrera siguió en ascenso hasta la cima.

77 «Uruguay adoptó sus medidas a la luz de un conjunto sustancial de pruebas de que las advertencias sanitarias con imágenes de gran tamaño constituyen un medio efectivo para informar a los consumidores de los riesgos vinculados con el tabaco y desalentar su consumo. Existe asimismo un conjunto sustancial de pruebas de que prohibir las variantes de una marca constituye un medio eficaz para evitar marcas engañosas de los productos de tabaco. Estos conjuntos de pruebas, que son consistentes con la práctica de los Estados, respaldan la conclusión de que las medidas uruguayas en cuestión constituyen un medio eficaz de protección de la salud pública». Extracto del escrito de amicus curiae presentado por la OMS 30 de enero de 2015.

78 El *amicus curiae* (amigo de la corte o amigo del tribunal) es una expresión latina utilizada para referirse a presentaciones realizadas por terceros ajenos a un litigio, que ofrecen voluntariamente su opinión jurídica, alegatos, demanda o exhorto jurídico vinculante frente a algún punto de derecho u otro

aspecto relacionado, para colaborar con el tribunal en la resolución de la materia objeto del proceso.

79 Escrito Amicus de la OMS. Laudo, página 8.

80 «La OPS y sus Estados Miembros reconocen públicamente y respaldan plenamente los esfuerzos de Uruguay para proteger a sus ciudadanos de los efectos perjudiciales resultantes del consumo de tabaco, lo que incluye las medidas de implementación de la Norma del 80 % y de la Regulación de la Presentación Única, y han expresado su profunda preocupación respecto de las campañas de desinformación y las acciones legales instituidas por la industria tabacalera contra el control del tabaco. La OPS respalda la defensa de Uruguay de la Regla del 80 % y la RPU, que procuran salvar vidas, y la reconocen como un ejemplo para la región y el mundo. Las medidas de control del tabaco del Uruguay constituyen una respuesta razonable y responsable a las estrategias de publicidad, comercialización y promoción engañosas empleadas por la industria tabacalera, se basan en pruebas fehacientes, y han demostrado ser efectivas para reducir el consumo de tabaco. Por este simple motivo, la industria tabacalera se ve obligada a impugnarlas». Escrito Amicus de la OPS. Laudo, página 9.

81 El segmento se llamó «Tobacco» y tuvo una duración de dieciocho minutos, donde el único tema fue la industria tabacalera. Fue presentado por John Oliver el 15 de febrero de 2015, durante el segundo episodio de la segunda temporada de *Last Week*

Tonight. Un día después había sido visto más de dos millones de veces en su canal oficial de YouTube. Hoy tiene más de 20 millones de reproducciones.

82 Jeff the Diseased Lung. Su nombre completo era «Jeff the Diseased Lung in a Cowboy Hat».

83 *Last Week Tonight with John Oliver* se emite por HBO.

84 «John Oliver targets cigarettes on "Last Week Tonight"; Philip Morris reacts» («John Oliver apunta a los cigarrillos en «Last Week Tonight»; Philip Morris reacciona»). *Los Angeles Times*, 16 de febrero de 2015.

85 La historia está contada en el libro *Inventos uruguayos* (2010), de Carlos Pacheco.

86 Junto con la prohibición de fumar en lugares cerrados, y la prohibición de la publicidad de cigarrillos en televisión dentro del «horario de protección al menor» y en los eventos deportivos, en 2005, el gobierno de Tabaré Vázquez había prohibido también la utilización de los términos *light, ultra light,* suave y bajo en alquitrán. Después, en 2007, se aprobaron otras medidas que le quitaron privilegios a las tabacaleras, como establecer un 22 % de Impuesto al Valor Agregado sobre los productos de tabaco, algo que hasta ese momento estaban exentas de pagar.

87 Formalmente, la implementación de la Presentación Única sucedió en 2009, cuando el Ministerio de Salud Pública aprobó una ordenanza que prohibía el uso de descriptores, marcas, términos, símbolos gráficos o colores en las cajas de cigarrillos.

88 El artículo tercero de la ordenanza ministerial que creó el Requisito de la Presentación Única, que aparece en el expediente presentado por Uruguay durante el juicio, decía: «Cada marca comercial de los productos de tabaco deberá tener una única presentación, de manera que queda prohibido el empleo de términos, elementos descriptivos, marca de fábrica o de comercio, signos figurativos o de otra clase, tales como colores o combinación de colores, números o letras, que tengan el efecto directo o indirecto de crear la falsa impresión de que un determinado producto de tabaco es menos nocivo que otro».

89 Compañía Industrial de Tabacos Montepaz.

90 Abal Hermanos era la filial de Philip Morris en Uruguay.

91 «El porcentaje de fumadores que tenía la falsa creencia de que los cigarrillos light son menos perjudiciales descendió del 29 % al 15 % después de la implementación de la Presentación Única». Los datos provienen de una encuesta realizada en el marco del Proyecto Internacional de Evaluación de Políticas de Control del Tabaco. La Encuesta ITC Uruguay fue llevada a cabo por investigadores del Departamento de Sociología de la Universidad de la República Oriental del Uruguay, del Centro de Investigación para la Epidemia de Tabaquismo (CIET), y del Instituto Nacional de Salud Pública de México, en colaboración con el equipo del Proyecto ITC de Uruguay con sede en la Universidad de Waterloo en Canadá.

92 «En el año 2012, el 29 % de los fumadores indicaron que su marca actual era "ligero", "suave" o de "bajo contenido de alquitrán", y la mayoría de ellos (el 91 %) consideraba que, a pesar de que Uruguay había implementado la política de la Presentación Única, los mismos cigarrillos se siguieron vendiendo bajo nombres diferentes».

93 Las demandantes sostienen que la Regulación del 80/80 fue el resultado de una decisión cuyo objeto era penalizar a Mailhos por evadir la RPU por medio de la incorporación de las denominadas «marcas de coartada». Con anterioridad a la introducción de la RPU, Mailhos, el principal competidor de Abal Hermanos, identificó sus marcas con la etiqueta «Coronado». Con posterioridad a la entrada en vigor de la RPU, Mailhos adoptó cajetillas con los colores y diseños de la misma línea que la exmarca «Coronado», pero, de forma ostensible, bajo marcas diferentes, principalmente «Madison» (plata) y «Ocean» (azul). Sin embargo, era evidente para todos que ellas pertenecían a la misma familia de productos, y como tales, constituían «coartadas». La empresa, además, citó declaraciones de Abascal en la prensa.

94 Decreto del Poder Ejecutivo 287/009.

95 En el año 2004, el MSP creó la Comisión Interinstitucional Asesora para el Control del Tabaco, integrada por el sector público, la sociedad civil y representantes de asociaciones médicas. Su objetivo era asesorar al Ministerio de Salud Pública con

evaluaciones sobre la eficacia de las políticas relacionadas al tabaquismo, realizando un monitoreo y discutiendo las medidas aplicadas. La comisión se reunía dos veces al mes, aproximadamente, para tratar temas relacionados con el control del tabaco.

96 *Diccionario del español del Uruguay*, elaborado por la Academia Nacional de Letras. Ediciones de la Banda Oriental.

97 La precisión era lo más importante en el uso del SUN. Primero se introducía la resistencia en el agua y luego se enchufaba. Cuando el agua hervía, se desenchufaba y luego se retiraba la resistencia. Cuando el agua era para el mate, muchos colocaban el SUN directamente en el termo, pero había que tener cuidado porque si la resistencia no se sumergía totalmente en el líquido podría producirse un accidente, un pequeño incendio, un peligroso incendio. Al enterarse de la prohibición de su invento, Caggiani publicó en su muro de Facebook: «Me han preguntado qué piensa el inventor de un producto cuando prohíben su venta por considerarlo peligroso. He leído con atención las opiniones de la gente sobre la prohibición del SUN, ese aparatito que ha llegado a ser tan popular dentro del pueblo uruguayo y me enorgullece que haya cumplido su cometido por cuarenta y siete años. No tengo ninguna clase de interés para oponerme a la prohibición de este artículo, que aunque fue desarrollado por mí ya hace mucho tiempo dejó de pertenecerme desde el momento en que vendí

la patente. Tampoco sería ético criticar las resoluciones del gobierno por tal prohibición. Imagino que la URSEA piensa que es peligroso el uso del SUN, dado que la electricidad está en contacto directo con el agua y esto pone en peligro a la persona que toque un recipiente conductivo o que introduzca la mano dentro del recipiente en el que se está usando el SUN. Lo que sí me gustaría decir es que hay muchos artículos en el mercado mundial que son peligrosos, algunos más peligrosos que el SUN y en cada uno de ellos hay una etiqueta previniendo su uso o el peligro que significa usarlo sin seguir las instrucciones. Creo que se debería haber tenido en cuenta los cuarenta y siete años de existencia del producto sin que se haya reportado ningún accidente».

98 La ley 17.011 fue sancionada el 25 de setiembre de 1998 y fue reglamentada por el decreto 34/99. La protección de las marcas se funda en el artículo 33 de la Constitución uruguaya y requiere al Poder Ejecutivo que reconozca y proteja los derechos de los creadores e inventores.

99 El 9 de junio de 2009, Abal Hermanos presentó una acción de nulidad ante el TCA contra la Presentación Única, y su competidora British American Tobacco lo hizo después. El 14 de junio de 2011, antes de pronunciarse sobre el reclamo de BAT, el TCA rechazó el recurso de Abal y en su decisión se refirió a BAT en tres oportunidades. El 24 de agosto de 2011, Abal presentó un recurso de ampliación y

aclaración de la sentencia del TCA, donde sostuvo que el TCA había rechazado de forma errónea su solicitud por tener en cuenta a «otra empresa» con «otros productos de tabaco», con «otros argumentos» y «otras pruebas» diferentes. El 29 de setiembre de 2011, el TCA rechazó el recurso de ampliación y aclaración presentado por Abal en un documento de una sola página, en el que se consideraba que no hubo omisión respecto a «algún punto esencial del pleito».

100 BAT había tenido el 7 % del mercado en el año 2007, pero cuando Uruguay aprobó la Presentación Única y aumentó las advertencias a 80 %, dos meses después de que Philip Morris fuera al tribunal internacional, la empresa de capitales ingleses y estadounidenses redujo sus operaciones. Sus productos Kent, Lucky Strike, Kool y Pall Mall sólo quedaron disponibles en el departamento de Maldonado, donde está Punta del Este, la más internacional de las ciudades uruguayas. En 2012, BAT tenía una participación un poco menor al 2 % en el mercado uruguayo.

101 Las demandantes argumentan que esta «muestra orwelliana de arbitrariedad» nuevamente denegó a Abal Hermanos una resolución justa de su caso, lo que equivale a una denegación de justicia.

102 El 11 de septiembre de 2009, Abal Hermanos presentó una demanda de inconstitucionalidad de los artículos 9 y 24 de la Ley 18.256. Unos meses después, el 22 de marzo de 2010, la empresa

presentó una acción de nulidad ante el TCA. El 10 de noviembre de 2010, la SCJ desestimó por unanimidad la pretensión de Abal Hermanos y el 28 de agosto de 2012 el TCA también rechazó la acción de nulidad.

Abal Hermanos había planteado ante la SCJ que la ley, al establecer que las advertencias sanitarias de las cajas podían ocupar «por lo menos el 50 % de las superficies totales principales expuestas», estaba delegando en el Poder Ejecutivo un poder ilimitado de reducir o eliminar la posibilidad de la empresa de usar sus marcas en los envases, porque amparados en ello, por vía reglamentaria se podía requerir a las empresas que las advertencias ocuparan el 80 %, 90 % o 100 % de los paquetes. Abal Hermanos sostenía que una limitación así sólo podía hacerse por ley y, por lo tanto, esta era una potestad del Poder Legislativo.

Sin embargo, la SCJ entendió en su sentencia que la ley no era inconstitucional porque no delegaba al Poder Ejecutivo un poder discrecional de imponer restricciones por encima del mínimo, sino que le imponía a la tabacalera que el etiquetado externo de los paquetes tuviera advertencias que ocuparan «por lo menos el 50 % de las superficies totales principales expuestas». A criterio de la SCJ, lo que la norma dejaba en el ámbito del Poder Ejecutivo eran aspectos vinculados a su ejecución.

En concreto, a criterio de la SCJ, es competencia del Poder Ejecutivo: controlar que las advertencias y mensajes sean claros, visibles, legibles y que ocupen por lo menos el 50 % de las superficies totales expuestas, así como modificar periódicamente las advertencias, lo que refiere al mensaje y no al tamaño.

Por su parte, el TCA entendió que no correspondía la nulidad del Decreto 287/09 por el cual se dispuso que las advertencias sanitarias debían ocupar el 80 % inferior de ambas caras principales. A criterio del TCA, el decreto se atenía a lo establecido en la ley, en la medida en que la norma fijaba un porcentaje mínimo a ocupar, habilitando proceder a su reglamentación, por lo cual el Poder Ejecutivo tenía las facultades para elevar el mínimo fijado, en consonancia con las directivas impartidas por la OMS. En resumen, el TCA planteaba que la ley establecía un mínimo que podía ser elevado por la reglamentación, mientras que la SCJ entendía que la ley no habilitaba a la reglamentación a elevar ese mínimo del 50 %.

103 Sitio oficial de *La Sociedad de la Nieve*.
104 Wolverine fue dibujada por Frank Miller (creador de otras historias como *Sin City* o *300*, ambas adaptadas al cine).
105 Antes de la era Quesada hubo una primera prohibición de fumar para los personajes de Marvel, cuando empezaron a surgir las primeras quejas de los padres, en 1994. Los superhéroes dejaron de fumar en las Trading Cards, que son unas tarjetas coleccionables comparables con las imágenes de

los álbumes de figuritas de los latinoamericanos. Todas estas historias son contadas en las columnas de Brian Cronin, en Cómic Book Resources, un portal que tiene un par de décadas ya dedicadas al universo del cómic.

106 *La noticia rebelde* fue un programa de televisión argentino, creado y emitido entre 1986 y 1989 por el canal estatal, entonces llamado ATC.

107 El Referéndum sobre la Ley de Caducidad de la Pretensión Punitiva del Estado fue una votación realizada en 1989 en Uruguay, que pretendía revocar la Ley n.° 15.848 de la Caducidad de la Pretensión Punitiva del Estado (popularmente conocida como «Ley de impunidad» o «Ley de caducidad»), aprobada por el Parlamento uruguayo en diciembre de 1986.

108 Líber Seregni fue un general del Ejército que fundó el Frente Amplio y fue candidato presidencial en 1971. Estuvo preso y fue torturado por la dictadura. Luego volvió a ser candidato presidencial en las elecciones de 1989 y se convirtió en el segundo candidato más votado.

109 Mariano Arana (1933-2023) fue un arquitecto y político. Ejerció como intendente de Montevideo entre 1995 y 2005.

110 «En aquel tiempo, cuando comencé a escribir, trabajaba en una oficina ubicada en un sótano. La verdad es que el tabaco fue la causa de todo. Habían prohibido la venta de cigarrillos los sábados y domingos. Todo el mundo hacía su acopio los viernes.

Un viernes me olvidé. Entonces la desesperación de no tener tabaco se tradujo en un cuento de 32 páginas, que escribí ante la máquina de un tirón. Fue la primera versión de El pozo».
Juan Carlos Onetti. Construcción de la noche. Carlos María Domínguez y María Esther Gilio.

111 Philip Morris había estimado sus gastos del juicio en 16.906.045 dólares y Uruguay en 10.319.833 dólares. El presidente del tribunal, Piero Bernardini, cobró 482.887 dólares; el árbitro designado por Philip Morris, Gary Born, cobró 307.349 dólares, y el designado por Uruguay, James Crawford, 155.477 dólares. Además, el CIADI estimó sus gastos y honorarios en 540.000 dólares. Todo a cuenta de la tabacalera.

112 «Sir Richard Doll». Epidemiologist who showed that smoking caused cancer and heart disease. BMJ, 2005.

113 Delgado dirigió también el Programa Nacional de Control del Cáncer del Ministerio de Salud Pública, presidió la Federación Latinoamericana de Sociedades de Cancerología y el Colegio Médico del Uruguay.

114 *Cuando fumar era un placer.* Lumen, Barcelona, 2003.

115 *Un siglo de políticas de drogas en Uruguay* (2013). Guillermo Garat, Fundación Friedrich Ebert (FES). Guillermo Garat es, además, autor del ensayo periodístico «Marihuana y Otras Yerbas: prohibición, regulación y uso de drogas en Uruguay».

116 La Organización de las Naciones Unidas para la Alimentación y la Agricultura publicó que la producción de tabaco sin elaborar estuvo liderada por los chinos, con 2.127.600 toneladas métricas (una tonelada métrica equivale a 1.000 kilos), seguidos por India (757.514), Brasil (744.161), Indonesia (237.115), Estados Unidos (216.800), Pakistán (167.862), Zimbabue (162.370) y Malawi (105.480). La China National Tobacco Corporation (CNTC) es la mayor empresa productora de cigarrillos del mundo, responsable del 46 % de la producción mundial, por delante de British American Tobacco, que ocupó el segundo lugar con el 13 %, y Philip Morris International con el 12,6 %. La OMS dice que en China hay más de 300 millones de fumadores activos y, a pesar de que casi la mitad de los cigarrillos que se producen en el mundo son chinos, solamente el 1 % se vende fuera del país.

117 La Iniciativa de la Franja y la Ruta (Belt and Road Initiative) de China, lanzada en 2013, es el plan político y económico del Gobierno chino destinado a reposicionar a China como un actor económico influyente en el escenario global. La BRI se enfoca en el desarrollo de infraestructura, el apoyo financiero y las relaciones comerciales especiales, así como la creación de relaciones a través del diálogo político. La CNTC se incorporó a la estrategia de la BRI en 2017, convirtiendo la producción y la venta de tabaco en una herramienta estratégica oficial de influencia económica y diplomática nacional.

118 La CNTC tiene amplias operaciones en Argentina, donde se encuentra la subsidiaria de la empresa China Tobacco International Argentina S.A., establecida en 2009 luego de casi una década de negociaciones con funcionarios del gobierno. En Brasil, China Tabaco Internacional Do Brasil (CTIB) es una subsidiaria de propiedad absoluta de CNTC que exporta hojas de tabaco a China. Antes de su creación en 2002, China había estado importando tabaco brasileño durante un lustro. En 2014, CTIB y Alliance One Brasil Exportadora de Tabacos formaron una sociedad anónima conjunta llamada China Brasil Tabacos Exportadora. Decenas de miles de agricultores operan para Alliance One, una empresa global de cultivo y adquisición de hojas con sede en los Estados Unidos. La información corresponde al trabajo «Expansión global de China National Tobacco Corporation», elaborado por la ONG STOP, una red de organizaciones académicas y de salud pública que opera a nivel mundial como parte de la Iniciativa Bloomberg para reducir el consumo de tabaco. STOP conecta a expertos en todos los aspectos del negocio de la industria tabacalera.

119 La muestra fotográfica ha sido expuesta en el Museo de Fotografía Contemporánea de Chicago, la Academia Central de Bellas Artes de Beijing y el Museo de Arte de Guangdong. *Hasta que la muerte nos separe* es también uno de los «mejores fotolibros de todos los tiempos» para el Source

Photographic Review, para *The New York Times* y para el Photo-Eye.

120 Marc Riboud nació en 1923 en Saint-Genis-Laval, cerca de Lyon. Su primera foto fue publicada en 1953 en la revista *Life*, era la imagen de un pintor en la Torre Eiffel. Luego, los fotógrafos Henri Cartier-Bresson y Robert Capa lo invitaron a unirse a la agencia Magnum Photos. En 1957, Riboud viajó de Calcuta a China, donde hizo su primera estancia larga en Asia y publicó su primer libro: *Mujeres de Japón*. Entre 1968 y 1969 hizo fotos en Vietnam del Sur y Vietnam del Norte, y fue uno de los pocos fotógrafos a los que se les permitió la entrada a ambos lugares. En los años ochenta y noventa, Riboud estuvo varias veces en China, un país que observó durante décadas en diferentes momentos de su vida. Su trabajo ha ganado muchos premios prestigiosos y se exhibe en museos y galerías de París, Nueva York, Shanghái y Tokio. Riboud falleció en París, el 30 de agosto de 2016. El núcleo de sus archivos fue donado al Museo Nacional de Artes Asiáticas – Guimet, París.

121 Decreto N° 87/021. Modificación del artículo 1° del decreto 534/009, relativo a dispositivos electrónicos para fumar. Promulgación: 03/03/2021. Publicación: 23/03/2021.

122 Decreto N° 282/022. Modificación de los artículos 7°, 8° y 10° del decreto 120/019, relativo al empaquetado y etiquetado de productos de tabaco. Promulgación: 02/09/2022. Publicación: 09/09/2022.

123 Datos del Instituto Nacional de Estadística desde 1902 a 2017.

124 Henry Waxman, el legislador demócrata que hizo declarar a los ejecutivos frente al Congreso, luego de las revelaciones del juicio de las azafatas contra las tabacaleras.

125 «¿Los productos de tabaco calentado ayudan a dejar de fumar, son seguros para este fin y han provocado un descenso de las tasas de tabaquismo?». Publicado en Cochrane, 6 de enero de 2022.

Índice onomástico

A

Abal, Alejandro 220, 222, 224, 226, 229, 233
Abal Hermanos 115, 202, 210, 219, 220, 221, 222, 223, 225, 230, 233, 318, 319, 321, 322, 323
Abal, Juan 221
Abal, Panchito 233
Abascal, Winston 35, 127, 154, 182, 191, 203, 240, 311
Academia del Tabaco 52
Action on Smoking and Health 69, 303
Aerolíneas - Air Canada 30
Aerolíneas - American Airlines 27, 28, 29, 31
Aerolíneas - Pan American 29
Aerolíneas - United Airlines 27, 29
Aerolíneas - Varig Airlines 28
Agencia de Medicamentos y Alimentos (FDA) 290
Al Qaeda 120
Alesina, Rocco 253
Alexandrov, Stanimir 154, 308
Allen, George 103
Almagro, Luis 137, 179
Alpuente, Moncho 264
Amicus curiae 184, 315

Anchorena, estancia presidencial 131
Arana, Mariano 238, 325
Asamblea Mundial de la Salud 80, 81, 82
Asociación de Restaurantes y Tabernas Empire State 88
Asociación Estadounidense del Corazón 77, 78, 304
Asociación Interamericana de la Propiedad Intelectual 186
Asociación Médica Estadounidense 56, 299
Astori, Danilo 238
Atila 52
Auster, Paul 117, 118, 124, 125, 270
Azafatas - Bland Lane 29
Azafatas - Norma Broin 31, 32
Azafatas - Patricia Young 28, 31, 33

B

Baricco, Alessandro 273
Barrán, José Pedro 149, 261
Barrios, Andrea 205, 210, 211, 213, 214, 215, 240
Basso, Jorge 196, 310
Batlle y Ordóñez, José 261
Batlle, Jorge 84
Batlle, Lorenzo 261
Batman 228, 235
Beretta, Alcides 223
Bergamino, Ariel 132, 150, 237, 255
Bergman, Lowell 64, 66
Bernardini, Piero 115, 212, 326
Bianco, Eduardo 23, 63, 77, 78, 79, 81, 82, 91, 93, 113, 127, 135, 136, 156, 172, 183, 204, 242, 285, 287, 311

Biblioteca Nacional de Medicina de Estados Unidos 98
Biden, Joe 120
bin Laden, Muhammad bin Awad 168
bin Laden, Osama 120
BioNTech 273, 274
Blanco, Adriana 183
Blanes, Juan Manuel 314
Bloomberg News 123
Bloomberg Philanthropies 88, 121, 123
Bloomberg, Michael 87, 113, 120, 122, 137, 188, 309
Blue in the face, largometraje de ficción 118, 124
Bogart, Humphrey 25
Bonomi, Eduardo 119
Born, Gary 115, 171, 229, 326
Botnia 41, 164
Bowling, James 47
Bradford Hill, Austin 104
Brechner, Miguel 240
Brenner, Marie 64
Brillembourg, Clara 114, 181, 206, 215, 241
British American Tobacco (BAT) 64, 219, 321, 327
Brown & Williamson 64, 65, 66, 67, 71, 300
Buckley, Christopher 52
Burns, George 118
Bush, George 82, 120, 163
Bush, George W. 56

C

Caggiani, Carlos 191
Cámara de Comercio Internacional 80, 170

Campaign for Tobacco-Free Kids 69, 89, 113, 172, 189, 242, 303
Campbell, Pete 45
Campbell, William 55
Camus, Albert 24
Canal de Panamá 158
Canario en la mina 27, 30, 343
Cáncer 30, 31, 32, 33, 36, 43, 44, 47, 48, 49, 55, 56, 58, 59, 61, 104, 105, 106, 107, 125, 132, 134, 142, 176, 193, 214, 236, 244, 255, 256, 257, 258, 280, 307, 326
Cánepa, Diego 153, 172, 175
Carr, David 88
Carter, Graydon 88
Casa Blanca 51, 134
Castro, Fidel 161, 240
Cátedra de Oncología Clínica 258
Centro de Almaceneros Minoristas, Baristas, Autoservicistas y Afines del Uruguay (Cambadu) 36
Centro Internacional de Información sobre el Tabaco 79, 80
Centro Nacional de Prevención de Enfermedades Crónicas y Promoción de la Salud (CDC) 89, 307
Centro para la Investigación de la Epidemia de Tabaquismo (CIET) 94, 95, 97, 98, 285, 286, 311
Champagne, Beatriz 69, 77, 88, 91, 93, 283
Champix 97, 98, 99, 306
Chan, Margaret 23, 299
China National Tobacco Corporation (CNTC) 268, 326, 327, 328
CIA 160
Cibils, Diego 197, 287, 310

Cigarreras de Sevilla 267
Cigarrillos Camel 61, 71, 88
Cigarrillos Chesterfield 294
Cigarrillos Doble Felicidad 268
Cigarrillos Golden 45
Cigarrillos Liggett 58
Cigarrillos L&M 294
Cigarrillos Lucky Strike 44, 45, 71, 101, 103, 104, 304, 322, 343
Cigarrillos Marlboro 43, 45, 46, 47, 49, 58, 65, 67, 108, 116, 130, 141, 187, 192, 198, 200, 202, 214, 294, 301, 308, 343
Cigarrillos Nevada 202, 223, 224
Cigarrillos Newport 61
Cigarrillos Parliament 294
Cigarrillos Richmond 62
Cigarrillos Virginia Slims 23, 260
Cigarros Schimmelpenninck 117, 118
Cirujano general de Estados Unidos 43, 59, 101, 301
Clínica Mayo 97
Clinton, Bill 82, 290
Cochrane, biblioteca 291, 307, 329
Colegio Médico del Uruguay 326
Comisión Honoraria de Lucha Contra el Cáncer 176
Comité Asesor sobre Tabaquismo y Salud de Estados Unidos 101, 103
Concejo Municipal de Nueva York 87
Conferencia de las Partes 135, 136, 137, 141, 278
Congreso de Estados Unidos 60, 160, 290
Congreso Iberoamericano Tabaco o Salud 64
Connery, Sean 25
Consejo de Seguridad de Naciones Unidas 85, 305

Consejo de Sostenibilidad de la Industria de Luisiana 122
Constantine, John 235
Convenio Marco para el Control del Tabaco 68, 79, 244, 260
Cornaro, Luigi 148
Correa, Humberto 147, 149
Cortázar, Julio 24, 159
Corte Internacional de La Haya 41
COVID-19 273, 275
Crawford, James 115, 326
Criterios de Bradford Hill 96, 104
Cruz Roja 72
Cuento de Navidad de Auggie Wren 117
Cullman, Joseph 187
Cumbre de la Unión Europea, América Latina y el Caribe 163

D

David contra Goliat 14, 114
Day, Doris 25
DC Cómics 235
de Beauvoir, Simone 73
Dean, James 25
Death in the west, documental 46
Delgado, Lucía 257, 258
Delgado, María Auxiliadora 132, 255
DeNoble, Victor 62
Deny of Justice League 228
Diablo 180
Dictadura uruguaya 238, 263, 325

Dios 59, 121, 271
Dirección Nacional de Propiedad Industrial (DNPI)
    207, 208
Doll, Richard 104, 255, 326
Draper, Donald 44

E

Eastwood, Clint 118
Enfermedades cardíacas 43, 44, 61, 101, 102, 307
Epidemiología 306
EPOC 30, 49
Estol, Diego 84

F

Facultad de Medicina de la Universidad de la
    República 144, 238, 257
Fármakon 147
Fattoruso, Hugo 224
Faulkner, William 24
FBI 160
Federación Latinoamericana de Sociedades de
    Cancerología 326
Feria Mundial del Ramo del Tabaco 108
Fernández Huidobro, Eleuterio 127
Fernández, Gonzalo 133, 309
Fischer, Gustavo 212, 215
Flash 228
Flight Attendant Medical Research Institute (FAMRI)
    33, 96
Foley Hoag, estudio jurídico 114, 153, 155, 167, 168,

172, 179, 181, 195, 206, 207, 208, 210, 211, 215, 217, 220, 228, 229, 235
Frankenstein 118
Frenk Mora, Julio 91
Frente Amplio, partido de Uruguay 84, 128, 144, 146, 238, 239, 325
Frente Sandinista de Liberación Nacional 158
Fuentes, Carlos 159
Fundación Avaaz 186
Fundación Bill y Melinda Gates 123
Fundación Interamericana del Corazón (FIC) 68, 77, 78

G

Gahagan, Fritz 259
García Márquez, Gabriel 159
Garzo, Félix 21
Gianelli, Daniel 162, 172, 181, 311
Gilio, María Esther 325
Giuliani, Rudolph (Rudy) 119
Glantz, Stanton 46, 63, 65, 90, 91, 95
Gómez Bolaños, Roberto 236
González Lapeyre, Edison 162, 167
Gran Hermano 226, 227
Grant, Ulysses 51
Guerra Mundial, Primera 72, 134
Guerra Mundial, Segunda 314
Guerra Fría 160
Guyer y Regules, estudio jurídico 192, 220, 226, 227

H

Hammer, Richard 49
Harvard, universidad de 122
Hemingway, Ernest 24, 71, 72
Hepburn, Audrey 25
Herrera, Nicolás 192, 274, 275, 310
Hollywood 25
Horn, Daniel 47
Hospital de Clínicas del Uruguay 257
Hudson, Rock 25
Humanismo 147
Hustvedt, Siri 125

I

Iglesia Católica 159
Innovative Market Systems 123
Insdorf, Annette 124
Instituto del Tabaco de Estados Unidos 52, 54, 68, 79, 103
Instituto Nacional del Cáncer de Estados Unidos 30
International Development Research Center de Canadá 94

J

Jackson, Samuel L. 235
JAMA 30
Jeff, el pulmón enfermo 188
Jiménez de Aréchaga, Eduardo 164, 170, 206, 240
Johns Hopkins Bloomberg School of Public Health 122
Johnston, James 61

Joncour, Hervé 273
Juan Carlos, Rey de España 40, 41, 113
Juan Pablo II 162
Justicia Infinita, operación 120

K

Kennedy, John Fitzgerald 44, 101
Klein, Richard 71
Koop, Everett 43, 300

L

Lacalle Herrera, Luis Alberto 127
Lacalle Pou, Luis 177, 274, 309
Lagos, Ricardo 309
Lalive, estudio jurídico 114
Lawson, Eric 49
LeBow, Bennett 58
Levitas, Mike 117
Ley de Caducidad de la Pretensión Punitiva del Estado 325
Ley de Defensa del Derecho a la Salud Sexual y Reproductiva de Uruguay 143
Libertad Duradera, operación 120
Liga de la Juventud Comunista de China 269
Linterna Verde 228
Lispector, Clarice 24
Lobby 51, 52, 53, 82, 302, 343
Lorenzo, Ana 36, 41, 127, 128, 182, 195, 203, 241, 311
Lula da Silva, Luiz Inácio 309

M

Macleod, Iain 257
Mad Men, serie de ficción 44, 45
Mailer, Norman 71
Mailhos, Julio 202
Mao, Zedong 269
Marlboro, Hombre 46, 49, 65, 67, 192, 202, 301, 308
Mármol, Pablo 187
Martin, Lawrence 114, 228
Marvel 234, 235, 324
Marx, Groucho 118
McCormick, Brendan 87
McLaren, Wayne 49, 142
McLean, David 49, 142
Medicina Basada en Evidencia 94
Medina, Enrique 145, 175
Mejía Rivera, Orlando 310
Menéndez, Mario 36
Mercosur 143, 289
Methol, Javier 233
Millar, David 49
Ministerio de Educación y Cultura de Uruguay 145
Ministerio de Salud Pública de Uruguay 35, 127, 145, 176, 194, 195, 263, 278, 300, 317, 319, 326
Ministerio de Salud y Bienestar de Canadá 30
Montepaz 202, 203, 204, 221, 223, 278, 318
Montiel, Sarita 21
Moore, Michael 67
Morrisroe, Gary 65
Movimiento de Liberación Nacional-Tupamaros 128
Mujica, José 127, 285

Muñoz, María Julia 35, 40, 136, 144, 175, 176
Musk, Elon 52

N

Nahum, Benjamín 261
Naylor, Nick 52, 263
Newman, Paul 25
Nicot, Jean 267
Nicotina 13, 28, 62, 64, 65, 67, 69, 193, 267, 277, 282, 288, 290, 294
Novello, Antonia 56

O

Obama, Barack 134, 169
Olesker, Daniel 127, 137
Oliver, John 187, 188, 189, 225, 316, 317
Onetti, Juan Carlos 24, 241, 325
Ordóñez, Amalia 261
Organización Mundial de la Salud (OMS) 23, 48, 79, 81, 82, 89, 135, 138, 139, 181, 182, 183, 184, 185, 186, 219, 248, 260, 274, 280, 288, 293, 299, 303, 314, 316, 324, 327
Organización Panamericana de la Salud (OPS) 89, 181, 183, 184, 185, 186, 219, 315, 316
Ortega, Daniel 159, 311, 312
Orwell, George 225

P

Pacheco, Carlos 317
Partido Demócrata de Estados Unidos 121
Partido Republicano de Estados Unidos 120
Partido Socialista de Uruguay 145, 146, 237, 309
Paulsson, Jan 225
Pereira Campos, Santiago 13, 228, 230, 297
Peri Rossi, Cristina 24, 260
Perón, Juan Domingo 162
Pfizer 97, 98, 99, 273, 274, 275, 306
Philip Morris - Documentos 62, 65, 69, 80, 81, 222, 223, 268, 287, 288, 289, 290, 293, 294
Philip Morris - La demanda 24, 25, 26, 51, 63, 75, 108, 114, 115, 116, 127, 128, 129, 130, 132, 134, 135, 137, 138, 141, 142, 151, 153, 154, 155, 157, 158, 167, 169, 170, 171, 172, 175, 180, 181, 184, 186, 188, 189, 192, 195, 196, 197, 198, 199, 201, 202, 203, 206, 208, 209, 210, 212, 213, 215, 216, 219, 220, 222, 226, 227, 228, 229, 247, 248, 274, 276, 283
Philip Morris - Medios de comunicación 23, 31, 45, 87, 107, 188, 189, 198, 223
Philip Morris - Tribunales 32, 46, 55, 57, 58, 219, 226
Philip Morris - Voceros 47, 48, 87, 103, 107, 108, 187, 200
Picapiedra, Pedro 187
Plan Cóndor 178
Premio del Día Mundial Sin Tabaco 181, 182
Primera Conferencia Internacional Americana 184

Programa Nacional de Control del Cáncer del
   Ministerio de Salud Pública de Uruguay 326
Programa para el Control del Tabaco del Ministerio de
   Salud Pública de Uruguay 35, 36, 240, 300

Q

Quesada, Joe 234

R

R. J. Reynolds 71, 300
Reagan, Ronald 158, 162, 300
Rebolledo, José 228
Redford, Robert 25
Reeve, Christopher 231
Régimen talibán 120
Reichler, Paul 114, 153, 158, 162, 164, 167, 179, 208,
   228
Renacimiento 147, 148, 310
Requisito de la Presentación Única 116, 192, 202,
   204, 209, 318
Revolución Comunista 269
Riboud, Marc 269, 328
Roa, Reina 276, 279
Robinson, Edward G. 118
Rodríguez Zapatero, José Luis 309
Rodríguez, Diego 284, 285, 286, 287
Rosenblatt, Stanley y Susan 32

S

Salomon Brothers, banca de inversión 123
Salonidis, Constantinos 228
Sandoya, Edgardo 78, 93
Sartre, Jean Paul 24, 73, 304
Sauvin, Thomas 268
Secretaria General del Centro Internacional de Arreglo de Diferencias Relativas a Inversiones (CIADI) 115, 168, 169, 170, 171, 212, 247, 248, 313, 326
Sellers, Peter 179
Seregni, Líber 145, 238, 325
Serrat, Joan Manuel 145
Shook, Hardy & Bacon (SHB), estudio jurídico 114
Sidley Austin, estudio jurídico 114
Sindicato Médico del Uruguay 84
Smith, Winston 225, 227
Smoke, largometraje de ficción 45, 118, 124, 270, 301
Sociedad Americana contra el Cáncer 44
Somoza Debayle, Anastasio 158
Sondor 222, 223
Sosa, Patricia 113, 242
Soy Una Novedad (SUN) 191, 344
Stallones, Reuel 44, 101, 103
Superman 228, 236
Suprema Corte de Justicia (SCJ) 226, 229
Svevo, Italo 24

T

Tabaco calentado, productos de 275, 276, 278, 281, 288, 291, 294, 329
Taylor, Peter 47
Terra, Gabriel 263
Terry, Luther 101
Thames Television 46
Thurman, Uma 25
Tisch, Andrew 61
Toma, Miguel Ángel 153, 154, 173, 175, 182, 205
Topolansky, Lucía 128
Torres Gemelas 118, 119, 120
Torrijos, Omar 158
Tragedia de los Andes 222, 233
Tratto della vita sobria 148
Tribunal de lo Contencioso Administrativo (TCA) 219
Trump, Donald 119, 121

U

Ullmann, Liv 25
Unidad Reguladora de Servicios de Energía y Agua (URSEA) 208
Unilever 198
Universidad Central de Quito 158
Universidad de California 44, 46, 65, 66, 101
Universidad de la República del Uruguay 132, 238, 257, 258
Universidad Johns Hopkins 122

V

Vázquez, Jorge (el Perro) 309
Vázquez, Tabaré 35, 84, 119, 127, 128, 130, 131, 132, 134, 135, 141, 145, 147, 150, 151, 162, 163, 172, 176, 177, 179, 180, 203, 204, 208, 223, 224, 227, 237, 238, 241, 242, 255, 257, 258, 275, 277, 309, 317
Viladomat, Juan 21

W

Wakeham, Helmut 48
Wall Street 66, 123
Wallace, Mike 67
Wang, Wayne 117, 270
Waxman, Henry 60, 329
Wells, Orson 118
Wigand, Jeffrey 64, 67, 87, 88, 97
Woodward, Ellis 108

Y

YouTube 129, 317

Z

Zerbino, Gustavo 234
Zitarrosa, Alfredo 223

Índice

Contarlo para vivir   13

El humo   **19**
    El ataque   23
    El canario en la mina   27
    Humanicida   35
    El país de Marlboro   43
    Brandy y puros en el *lobby* del hotel   51
    El negocio del humo   55
    Los hombres que sabían demasiado   63
    Libertad o con gloria morir   71
    Voces en el desierto   77
    Un salto de fe   87
    Grandes contradicciones   93
    Notas en una caja de Lucky Strike   101
    Bajar los humos   107

La patria   **109**
    Asimetrías   113
    El humo es ambiguo   117
    El rugido   127
    Estimado presidente   135
    Trastos de guerra   141
    Humanistas   147

Los ojos del mundo 153
El talón de Aquiles 167
Todos los caminos conducen a Toma 175
Amigas de la corte 183
Querrá decir Uruguay 187
Soy Una Novedad 191
Viveza criolla 197
I love you 205
Ecuador: tal como somos 219
Superhéroes que fuman 233
Poder soberano 237
El que pierde paga 247

La tumba **251**
Muerte natural 255
Hasta que la muerte nos separe 267
El eterno retorno 273
Mutación o inercia 283
Para siempre 293

Agradecimientos 297
Notas 299
Índice onomástico 331

MAPA DE LAS LENGUAS UN MAPA SIN FRONTERAS 2025

ALFAGUARA / ARGENTINA
Para hechizar a un Cazador
Luciano Lamberti

RANDOM HOUSE / COLOMBIA
Lo llamaré amor
Pedro Carlos Lemus

ALFAGUARA / ESPAÑA
El celo
Sabina Urraca

RANDOM HOUSE / MÉXICO
Orfandad
Karina Sosa

ALFAGUARA / MÉXICO
Esta cuerpa mía
Uri Bleier

ALFAGUARA / ESPAÑA
Orquesta
Miqui Otero

RANDOM HOUSE / CHILE
Tu enfermedad será mi maestro
Cristian Geisse

RANDOM HOUSE / URUGUAY
El humo, la patria o la tumba
Emiliano Zecca

ALFAGUARA / PERÚ
Niños del pájaro azul
Karina Pacheco